ニチガク式学習支援!! 日本学習図書（ニチガク）

こんなこと…ありませんか？

「ニチガクの問題集…買ったはいいけど、、、
この問題の教え方がわからない（汗）」

メールでお悩み解決します！

- ☆ ホームページ内の専用フォームで必要事項を入力！
- ☆ 教え方に困っているニチガクの問題を教えてください！
- ☆ 確認終了後、具体的な指導方法をメールでご返信！
- ☆ 全国どこでも！ スマホでも！ ぜひご活用ください！

<質問回答例>

アドバイス

推理分野の学習では、後の学習に活きる思考力を養うことができます。ご家庭で指導する場合にも、テクニックにたよらず、保護者の方が先に基本的な考え方を理解した上で、お子さまによく考えさせることを大切にして指導してください。

Q.「お子さまによく考えさせることを大切にして指導してください」と学習のポイントにありますが、考える習慣をつけさせるためには、具体的にどのようにしたらいいですか？

A. お子さまが考える時間を持てるように、質問の仕方と、タイミングに工夫をしてみてください。
たとえば、「答えはあっているけど、どうやってその答えを見つけたの」「答えは○○なんだけど、どうしてだと思う？」という感じです。
はじめのうちは、「必ず30秒考えてから手を動かす」などのルールを決める方法もおすすめです。

まずは、ホームページへアクセスしてください!!

https://www.nichigaku.jp 日本学習図書 検索

近畿圏版 ⑧　**類似問題で効率のよい志望校対策を!**

大阪教育大学附属
天王寺小学校

ステップアップ問題集

2022
年度版

**志望校の出題傾向・意図を
おさえた豊富な類似問題で
合格後の学習にも役立つ力が
身に付く!!**

●すぐに使える **プリント式!**　●全問 **アドバイス付!**

必ずおさえたい問題集

大阪教育大学附属天王寺小学校

図形	Ｊｒ・ウォッチャー 46「回転図形」
図形	Ｊｒ・ウォッチャー 47「座標の移動」
言語	Ｊｒ・ウォッチャー 49「しりとり」
口頭試問	新口頭試問・個別テスト問題集
保護者	願書・アンケート・作文文例集 500

全30問収録!

日本学習図書　ニチガク

目指せ！合格！

家庭学習ガイド
大阪教育大学附属天王寺小学校

ペーパー　制作　巧緻性　口頭試問　行動観察　運動　親子面接

入試情報

応募者数：男子 229 名・女子 211 名
出題形態：ペーパー・ノンペーパー形式
面　　接：志願者・保護者面接
出題領域：行動観察、制作、運動、ペーパーテスト（記憶・言語・数量・巧緻性・推理 ほか）

入試対策

親子の関係も評価の対象になったようで、2019 年度入試から行動観察の課題として「親子活動」が加わりました。さらに試験中に保護者アンケートも実施されています。志願者には従来どおり、ペーパーテスト、行動観察が２日間に分けて行われています。ペーパーテストは、幅広い分野から出題されており、「お話の記憶」「数量」「言語」「巧緻性」「推理」などが男女ともに頻出の課題となっています。思考力重視の出題傾向をしっかりと把握しましょう。2021 年度入試はさらにその傾向が強くなり、ペーパーテストの枚数自体も増えています。充分な準備が必要な入試と言えるでしょう。

●試験前の抽選は 2017 年度から廃止され、志願者全員が考査を受けることができます。

●２段階選抜のテストになっています。１日目を通過しないと２日目に進めません。

●試験の実施順は「ペーパーテスト」「制作」「リズム運動」（以上１日目）「運動」「歌」「行動観察」「面接」（以上２日目）です。２日間に渡る長丁場のテストです。お子さまはもちろん、保護者の方も体調を万全にして臨みましょう。

●ペーパーテストは応用力を必要とする複合問題が目立ちます。指示をよく聞き、何を聞かれているかをしっかりと把握してから答えるようにしてください。

● 2021 年度入試では「お話の記憶」の出題はありませんでした。

●当校の行動観察は、これまで「自由遊び」や「サーキット運動」などさまざまなものが出題されました。近年では男女とも、「ボール投げ」「リズム」「身体表現」といった競技色の薄い課題が出されています。

●入試実施中に保護者の方はアンケートに答えます。アンケートと言っても、実際はテーマに沿った作文の作成です。

〈合格のためのアドバイス〉

ここ数年、当校の入試問題は毎年のように変化しています。以前のように解らなければとりあえず解答しておけばいいという内容から、じっくり考えること、言葉を理解してしっかりと対応することが求められるようになりました。

また、当校の対策は、お子さまと保護者の方、それぞれが必要です。お子さまのがんばりが報われるように、保護者の方も、準備を怠りなくなくしておきましょう。

出題内容に目を向けてみると、今までとは解き方も出題方法も違う問題が出題されました。ですから、言われていることが理解できないと、解答することができなかったと思います。このような問題の場合、いきなり難しい問題に取り組むのではなく、まずは、基礎的な問題をしっかりと身に付けた上で、実践問題に取り組みましょう。

当校の対策の１番のポイントは、過去問題をよく読み出題意図を正しく把握することです。過去問全体を読んだ時に注目していただきたいのは、出題の観点が毎年のように増えていることです。例えば、昨年度の問題では「言葉の理解」、一昨年度は「思考力」が出題のキーワードとして読み取れます。しかも、関西では他校での類似問題はあまり見られない出題方法や問題であったという点を考慮すると、しっかりと基礎力を付けることがより重要となったと言えるでしょう。

昨年、不合格だった人の特徴の１つに、学校側の指示、出題をしっかりと理解し、対応できなかったという点が挙げられます。

保護者の方に目を向けると、近年、当校は保護者に対して強い姿勢と意識をもって対応しています。保護者の方の対策は、配布された文章をしっかりと読み、理解し、書かれてあるとおりにすることが求められます。

学校側は、個人の判断による、自分勝手な行動に強い危機感を抱いています。例えば、登校時の交通手段などです。自分だけはという考えから、自家用車を使用して当校するなど、身勝手な対応、言われたことを理解していない行動は特に嫌っています。

こういった点から、お子さま、保護者の方ともにに、しっかりと対策をとりましょう。各問題の観点などは、アドバイスをしっかりと読み対応してください。

〈2021年度選考〉

- ◆親子活動（２次選抜で実施）
- ◆ペーパーテスト
- ◆行動観察
- ◆指示画
- ◆行動観察・運動（集団）

◇過去の応募状況

2021年度	男子229名	女子211名
2020年度	男子258名	女子243名
2019年度	男子274名	女子221名

入試のチェックポイント

◇生まれ月の考慮…「なし」

〈本書掲載分以外の過去問題〉

- ◆記憶：見る記憶とお話の記憶の複合問題。[2011年度]
- ◆言語：しりとりで絵をつなげる。[2013年度]
- ◆運筆：線と線の間を、☆から◎まで壁に当たらないように線を引く。[2011年度]
- ◆課題画：予め描いてあるお皿の上に、好きな果物をクレヨンで描く。[2011年度]
- ◆運動：ケンパ・かけっこ・ボールのドリブル。[2013年度]
- ◆面接：すごろくを行いながらの面接。[2013年度]

大阪教育大学附属
天王寺小学校

徹底対策問題集

〈はじめに〉

現在、少子化が叫ばれているにもかかわらず、有名私立・国立小学校には一定の受験者が応募します。このような状況では、ただやみくもに練習をするだけでは合格は見えてきません。志望校の過去における出題傾向を研究・把握した上で、練習を進めていくこと、その上で試験までに志願者の不得意分野を克服していく事が必須条件です。そこで、本問題集は小学校を受験される方々に、志望校の出題傾向をより詳しく知って頂くために、過去に遡り出題頻度の高い問題を結集いたしました。最新のデータを含む精選された過去問題集で実力をおつけください。

また、志望校の選択には弊社発行の「2022年度版　近畿圏・愛知県　国立・私立小学校　進学のてびき」をぜひ参考になさってください。

〈本書ご使用方法〉

◆出題者は出題前に一度問題を通読し、出題内容などを把握した上で、〈　準　備　〉の欄に表記してあるものを用意してから始めてください。
◆お子さまに絵の頁を渡し、出題者が問題文を読む形式で出題してください。問題を読んだ後で、絵の頁を渡す問題もありますのでご注意ください。
◆「分野」は、問題の分野を表しています。弊社の問題集の分野に対応していますので、復習の際の目安にお役立てください。
◆一部の描画や工作、常識などの問題については、解答が省略されているものがあります。お子さまの答えが成り立つか出題者が各自でご判断ください。
◆〈　時　間　〉につきましては、目安とお考えください。
◆学習のポイントは、指導の際にご参考にしてください。
◆【おすすめ問題集】は、各問題の基礎力養成や実力アップにご使用ください。

〈本書ご使用にあたっての注意点〉

◆文中に **この問題の絵は縦に使用してください。** と記載してある問題の絵は縦にしてお使いください。
◆〈　準　備　〉の欄で、クレヨンと表記してある場合は12色程度のものを、画用紙と表記してある場合は白い画用紙をご用意ください。
◆文中に **この問題の絵はありません。** と記載してある問題には絵の頁がありませんので、ご注意ください。なお、問題の絵の右上にある番号が連番でなくても、中央下の頁番号が連番の場合は落丁ではありません。
下記一覧表の●が付いている問題は絵がありません。

問題1	問題2	問題3	問題4	問題5	問題6	問題7	問題8	問題9	問題10
							●		
問題11	問題12	問題13	問題14	問題15	問題16	問題17	問題18	問題19	問題20
問題21	問題22	問題23	問題24	問題25	問題26	問題27	問題28	問題29	問題30
							●	●	

2022年度募集日程予定

募集日程は予定ですので、変更される可能性もあります。
日程は、必ず事前に学校へお問い合わせください。

【説明会】　2021年10月9日
【願書配布】　2021年10月9日（説明会参加者）
　2021年11月15日～11月19日（土日祝除く）
【出願期間】　2021年12月2日～7日
【検定料】　3,300円
【選考日時】　調査第1日目：2022年1月7日（男子・女子）
　調査第2日目：2022年1月11日、13日（男子）
　2022年1月12日、14日（女子）
　合格者発表　：2022年1月15日

2021年度募集日程

2021年度に実施済みの日程です。
2022年度募集日程とは異なりますのでご注意ください。

【説明会】　2020年11月3日
【願書配布】　2020年11月3日～12月11日（11月30日、土日祝除く）
【出願期間】　2020年12月14日～17日
【検定料】　3,300円
【選考日時】　調査第1日目：2021年1月8日（男子・女子）
　調査第2日目：2021年1月12日、14日（男子）
　2021年1月13日、15日（女子）
　合格者発表　：2021年1月16日

2021年度募集の応募者数等

【募集人員】　男女………105名
【応募者数】　男子………229名　女子………211名

(得) 先輩ママたちの声！

◆実際に受験をされた方からのアドバイスです。
ぜひ参考にしてください。

附属天王寺小学校

・携帯電話の持ち込みはＮＧです。持ってきてしまった場合は、学校に預かってもらうことになります。受験番号でどの児童の保護者かもわかりますので、必ず預けるようにしてください。

・面接では、毎回テーマに沿った口頭試問が行われます。お箸の持ち方などマナーに関してはしっかりと教えておくといいと思います。

・ふだんから時間にゆとりを持って、遊ぶ機会をたくさん作ることを意識しました。なるべく、博物館や動物園、体験型施設など知識や経験が増やせるようなところを選んで出かけるようにしました。

・家族でアウトドアに出かけるなど、自然の中で過ごす時間が持てるように気を付けました。

・試験中に靴を脱いだり履いたりするので、子どもが自分で脱いだり履いたりしやすい靴を選ぶとよいと思います。

・試験や面接では、上級生が子どもたちを呼びに来ます。親しみやすく、行動観察の時も楽しく遊んでもらったようです。

・最終グループの保護者は試験終了まで長時間待つことになります。待合室には子どもが座る椅子しかありません。折り畳みの椅子、軽食、折り紙や絵本などを持って行かれることをおすすめ致します。

・待ち時間が長くて走り回る子どもがいました。あきないようにいろいろ持って行った方がいいと思います。

◎学習効果を上げるため、前掲の「家庭学習ガイド」及び「合格のためのアドバイス」をお読みになり、各校が実施する入試の出題傾向を、よく把握した上で問題に取り組んでください。
※冒頭の「本書ご使用方法」「本書ご使用にあたっての注意点」も併せてご覧ください。

問題1　分野：複合（常識・言語・巧緻性）

〈準備〉　鉛筆、クーピーペン

〈問題〉　①左端に描いてあるものの音の数だけ、真ん中に描いてある野菜をその野菜の色で塗ってください。
②左端に描いてあるものと同じ季節のものを右の四角から選んで線で結んでください。

〈時間〉　①5分　②1分

〈解答〉　下図参照

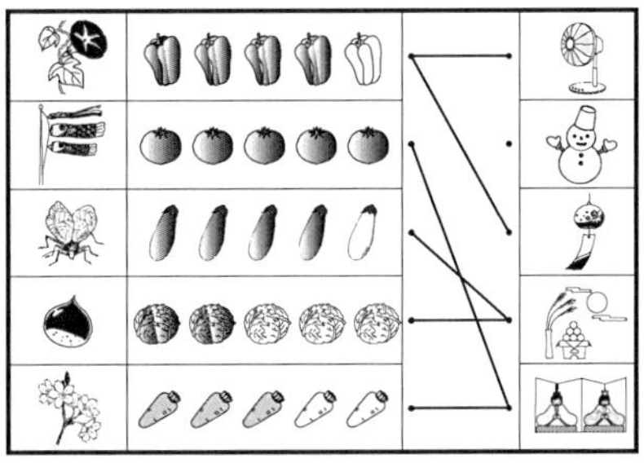

学習のポイント

当校の入試問題の特徴でもある複合問題です。一昨年から入試傾向が変わり、複合問題の出題が増えました。本問では、「言葉の音」に関する知識と、季節などの常識、塗る・線を引くなどの巧緻性が複合問題となっています。音の数を数える、その数だけ示された野菜の色で塗る、同じ季節のものを選ぶなど、指示が細かく出ています。混乱しないように落ち着いて行ってください。また、答えは各1つずつという指示はありません。先入観にとらわれず、学習してきた知識を信じて問題に取り組んでください。かなり複雑で難解な課題ですが、何度も練習し、自分で考え、問題を解決する力を身に付けていきましょう。

【おすすめ問題集】
Jr・ウォッチャー34「季節」、60「言葉の音（おん）」

問題2　分野：常識（理科）

〈準　備〉　鉛筆

〈問　題〉　野菜やくだものがたくさん描かれています。同じものを線で結んでください。

〈時　間〉　２分

〈解　答〉　下図参照

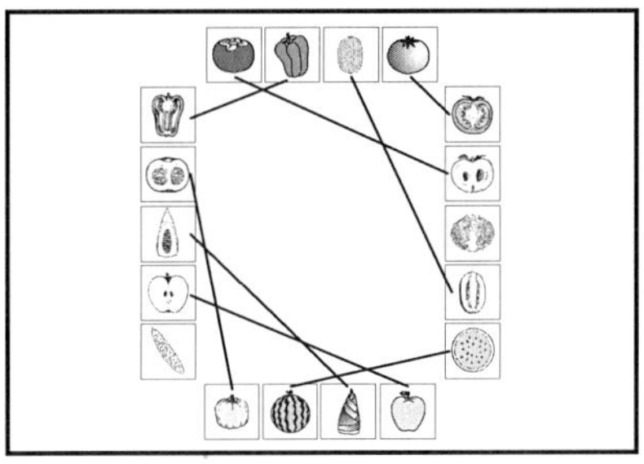

学習のポイント

常識の問題です。野菜やくだものの外見と断面図を結ぶという課題は、関西の学校では頻出の問題です。知識がないと解けない課題ですので、事前に学習することが必要です。断面図は、図鑑を活用することもできますが、なるべく実物を見せてあげてください。お子さまの記憶に残りやすくなります。課題自体はシンプルですが、選択肢の数が多く、どれともつながらないダミーの選択肢もあるため、かなり難しく感じるかもしれません。不安になった時は、自分が学習してきた知識を使っていねいに問題に取り組んでください。

【おすすめ問題集】
Jr・ウォッチャー27「理科」、55「理科②」

問題3　分野：言語（いろいろな言葉）

〈準　備〉　鉛筆

〈問　題〉　①上の段を見てください。この中で「とる」という言葉と関係のあるものを選んで○をつけてください。
②真ん中の段を見てください。この中で「うつ」という言葉と関係のあるものを選んで○をつけてください。
③下の段を見てください。この中で「ひく」という言葉と関係のあるものを選んで○をつけてください。

〈時　間〉　各30秒

〈解　答〉　下図参照

学習のポイント

当校の入試では、言語分野の出題は定番です。さまざまなバリエーションで毎年出題されていますので、日々の生活で語彙を増やしていくことも大切ですが、過去問題など実際の出題パターンにも触れ、単なる知識から運用にまで広げていく必要があるでしょう。本問のように言葉の意味を聞くものもありますが、しりとりが出題されるなど、年度によって出題パターンは異なります。どのような問題にも対応できるように、ふだんの親子間のコミュニケーションも学習に活用するようにしてください。問題を解く練習をするだけでは身に付きづらい運用力が、会話を通して学べます。

【おすすめ問題集】
Jr・ウォッチャー18「いろいろな言葉」

問題4　分野：複合（記憶・図形）

〈準　備〉　クーピーペン（緑）、鉛筆

〈問　題〉　**この問題の絵は縦に使用してください。**
動物たちはみんなで集まって、おかしを食べています。キツネさんはアメを食べています。タヌキくんはソフトクリームを食べています。ウサギくんはイチゴのケーキを食べています。ネコさんはドーナツを食べています。

①それぞれの円の中心に描いてある動物が食べたものを、その周りに描いてあるものから選んで、鉛筆で○をつけてください。
②１番上の四角に描いてある約束の通りに動物がルーレットを回します。ルーレットは時計と同じ方向に回ります。ただし、絵がさかさまになっている時は、その数だけ反対に回ります。それぞれの動物が食べたものから、円の下に描いてある約束の通りに動くと、どこで止まりますか。緑色のクーピーペンで○をつけてください。

〈時　間〉　①１分　②３分

〈解　答〉　下図参照

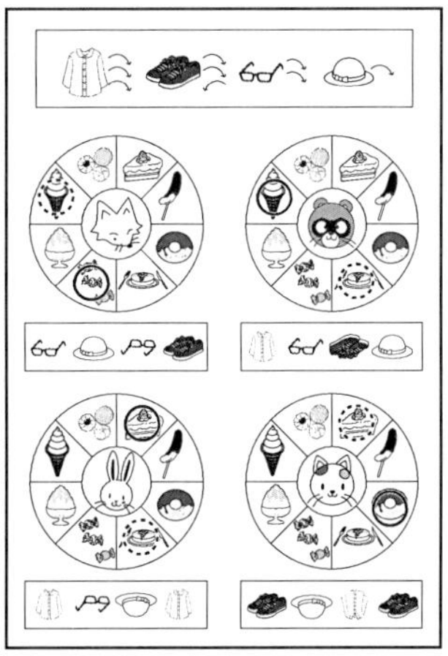

※点線の○は「緑の○」に対応したものです。

学習のポイント

イラストと指示が多く複雑な問題です。①は記憶の問題なので、落ち着いてお話を聞けば、答えが出るでしょう。しかし、①が正解しなければ、②はスタートから間違えてしまいます。単純な記憶の問題なので、①は間違えないよう特に気を付けてください。②は位置の移動の問題です。移動のルールが複雑なので、よく指示を聞いて、混乱しないで落ち着いて取り組みましょう。１つひとつていねいに取り組めば答えが出ます。テクニックなどが使えず、地道に解くしかできない問題ですので、集中力と忍耐力を維持することが必要です。

【おすすめ問題集】

Jr・ウォッチャー20「見る記憶・聴く記憶」、47「座標の移動」

問題5　分野：複合（言語・数量）

〈準備〉　鉛筆

〈問題〉　**この問題の絵は縦に使用してください。**

①言葉の最後の音や、最後から２番目の音を使ってしりとりをします。言葉の最後の音と最初の音でつながる時は、その間の四角に○を１つ書いてください。最後から２番目の音と最初の音でつながる時は○を２つ書いてください。上の段から始めてください。

②四角に書いてある○はたすといくつになりますか。その数だけ○を左下の四角に書いてください。

③②で書いた○と同じ数の積み木を右下の四角から選んで○をつけてください。

〈時間〉　①２分　②③各１分

〈解答〉　下図参照

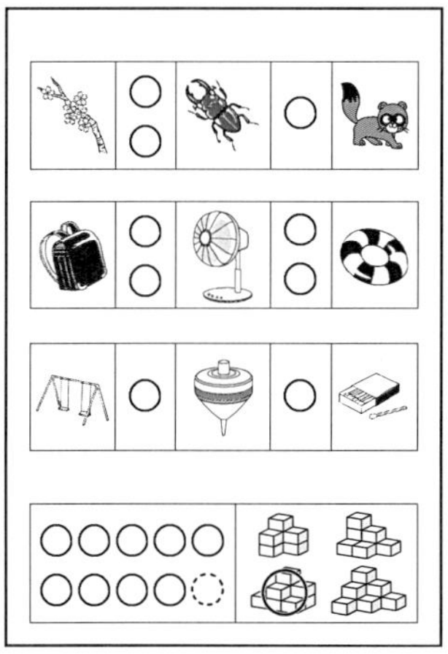

学習のポイント

当校の頻出分野である、言語の問題です。落ち着いて解答すれば難しい問題ではないのですが、しりとりのパターンが２種類あり、その解答をもとに②③の問題に取り組むという珍しい出題形式のため、解答に手間取るお子さまもいらっしゃると思います。単純に音や言葉だけを認識しているだけではなかなか解答に結びつかないので、過去問題などを参考にして、問題の意味を正確に理解するよう練習しましょう。②③は数量の問題です。集中して取り組めば難しい問題ではありません。①が複雑なため集中力を切らしてしまうかもしれませんが、最後まで気を抜かずに取り組むようにしましょう。

【おすすめ問題集】
Jr・ウォッチャー16「積み木」、49「しりとり」、60「言葉の音（おん）」

問題６　分野：複合（図形・模写）

〈準　備〉　鉛筆、クーピーペン
※あらかじめ、問題の絵の左の四角の中の形を指定された色で塗り、線を引いておく。

〈問　題〉　左の四角に描いてある見本と同じになるように、右枠にある形に色を塗ったり、線を引いたりしてください。右枠の中は、左端から使ってください。間違った時は×をして図のとなりにもう一度書いてください。

〈時　間〉　５分

〈解　答〉　省略

学習のポイント

問題文では指示されていませんが、単純な模写ではなく、回転した図形を描くという問題です。イラストをよく観察しなければ、そのことに気が付かないでしょう。間違った時どのように訂正すればよいかの指示も出ていますが、時間が短い上に、何度も訂正をくり返しているとどこが答えかが余計混乱してしまいますので、頭の中である程度イメージしてから答えを描くようにするといいでしょう。練習の段階では、見本を切り取り回転させて、目で確かめるという方法を取っていると思いますが、実際の試験ではそのようにゆっくり考えて解く時間はありません。何度もくり返し練習し、簡単な図形ならば、見ただけですぐに回転図形や鏡図形がイメージできるように学習を深めておきましょう。

【おすすめ問題集】
Jr・ウォッチャー23「切る・貼る・塗る」、46「回転図形」

問題7　分野：複合（指示制作）

〈準 備〉　鉛筆、クーピーペン、ハサミ、のり、画用紙（緑色）、ゴミ袋

〈問 題〉　ブタとネズミが楽器を演奏しています。ブタが前で笛を吹いています。ネズミが後ろでシンバルを叩いています。

①（問題7の絵を渡して）ブタとネズミを楽器ごと切り抜いてください。
②切り抜いたものを、お話に合うように緑色の画用紙に貼ってください。
③ブタを黄色で、ネズミを水色で塗ってください。
④画用紙の空いているところに絵を描いてください。
⑤ゴミを机の横にあるゴミ袋に入れてください。

〈時 間〉　①2分　②1分　③5分　④5分　⑤30秒

〈解 答〉　省略

学習のポイント

制作の課題です。男女別に行われますが、内容はほぼ同じです。あまり難しい課題ではありませんので、落ち着いて指示を聞いて、時間を守って行ってください。時間が余ってしまった場合は、意識を散漫させることなく、④の「空いているところに絵を描く」という課題に集中してください。待つ時の姿勢も観察されています。また、当校の指示制作の特徴として、後片付けの指示が必ず出題されます。片付けの様子も観られていますので、最後まで気を抜かずに課題に取り組みましょう。

【おすすめ問題集】
実践 ゆびさきトレーニング①②③、Ｊｒ・ウォッチャー23「切る・貼る・塗る」

問題8　分野：行動観察

〈準 備〉　ビニールプール、細い棒の先に糸を垂らしたもの（糸の先に磁石をつける）、絵に描いた魚の頭にクリップをつけたもの、絵カード（20枚程度、絵は片面だけでもう片面は白）

〈問 題〉　**この問題の絵はありません。**
（この問題は2人で行う）
①今から「魚釣り」をします。魚を釣る人、取った魚を釣り竿から外す人を相談して決めてください。
②2匹釣ったら交代してください。
③音楽が流れている間続けてください。
④使った道具を片付けてください。
⑤今から『絵合わせゲーム』をします。
※絵の描かれていない面を表にして、カードをランダムに並べておく。
⑥（テスターが1枚のカードを見せて）これと同じカードを見つけてください。走ってはいけません。見つけたら先生のところまで持ってきてください。
⑦終わったら、最初の位置に戻って立って待っていてください。

〈時 間〉　①～④5分　⑤～⑦5分

〈解 答〉　省略

学習のポイント

行動観察の課題ですが、実際の試験では男女別に行われます。男女で内容に大きな差はなく、協調性をチェックする課題となっています。昨今外出の機会が減り、同じ年頃のお子さまとコミュニケーションを取る機会が少ないお子さまも多いため、話し合って役割を決めるというのは難しいことかもしれません。しかし、「話し合いで役割を決める」という課題は当校の行動観察でもっともチェックされることです。協調性のある・なしを見極めるということですが、対策としてはふだんから積極的に自分の意見を言い、相手の話を聞くという行動をとる以外にありません。家族間でも親子間でもいいので、ふだんから積極的にコミュニケーションを取るようにしましょう。内容のわりに時間が短い課題ですので、ゆっくり考えて行う時間がありません。テキパキ行動するようにしてください。

【おすすめ問題集】

Jr・ウォッチャー29「行動観察」

問題9　分野：親子活動（行動観察・口頭試問）

〈準　備〉　あらかじめ、問題9のカードを線に沿って切り離しておく。

〈問　題〉　6つの絵から3枚の絵を使って、協力してお話を作ってください。
（作成後に志願者に対して以下の質問）
・お話を聞かせてください。
・どうしてこの3枚を選んだのですか。
・電車の中では何をしていますか。
・お友だちが電車の中で電話をしています。どうしますか。
・お話を作るのは難しかったですか。

〈時　間〉　10分

〈解　答〉　省略

学習のポイント

親子活動の課題です。実際の試験では男子と女子にわかれて課題を行います。男子は保護者に指示が与えられ、お子さまがそれを行うという課題で、女子は保護者との共同作業です。そのため、ふだんどおりに行動すれば、難しい課題ではないでしょう。ここでは、お子さまとの日々の接し方や、ひいてはお子さまにとっての家庭がどのような環境かといったところが観察されています。保護者の方の意見を押しつけるのではなく、反対に、お子さまの意見のみを聞くのではなく、あくまでもお子さまとコミュニケーションを取りつつ課題に取り組むということが何よりも大切です。また、電車内でのマナーなど公共の場のマナーでは、「人に迷惑をかけない」「人の嫌がることをしない」など、基本的なことがわかり、その理由を自分の言葉で説明できるようにしましょう。

【おすすめ問題集】

新口頭試問・個別テスト問題集、
Jr・ウォッチャー29「行動観察」、56「マナーとルール」

問題10　分野：記憶（お話の記憶）

〈準備〉　鉛筆

〈問題〉　この問題の絵は縦に使用してください。

お話をよく聞いて後の質問に答えてください。

少し寒くなって、モミジやイチョウの葉っぱが赤や黄色に色付いてきたころ。てんこちゃんが待ちに待ったお遊戯会の日がやってきました。てんこちゃんは踊るのが大好きなので、朝からわくわくしながら準備をしていました。この日のためにお母さんたちが頑張って作ってくれた衣装をうれしそうに見つめています。水玉模様のワンピースと大きなリボンの髪飾りと黒のベルトをしっかりとかばんに入れました。そこへ、「てんこちゃん、用意ができたら朝ご飯を食べなさいよ」とお母さんが呼びました。てんこちゃんは「わかった」と答えてテーブルにつき、ハムとチーズをのせたパンをパクパクと食べました。朝ご飯を食べ終わったてんこちゃんは「いってきます！」と元気よく言ってお家を出ました。幼稚園に行くバスの中でお友だちのメガネをかけた女の子とお遊戯会で踊るダンスの話をしました。そのお友だちのゆみちゃんは「私、まだダンスの振り付けをちゃんと覚えてないの」と言うので、てんこちゃんは「それじゃあ幼稚園に着いたらいっしょに練習しよう」と言いました。幼稚園に着いてお遊戯会の準備をしてから、本番まで時間があるので、てんこちゃんとゆみちゃんがダンスの練習をしていると、同じグループのたけるくんが声をかけてきました。「なんだ、まだ振り付けを覚えてないのか？　足をひっぱるなよな」といじわるな事を言ってきました。それを聞いたゆみちゃんは泣いてしまいましたが、てんこちゃんは「そんないじわるなことを言って、自分が失敗しても知らないからね！」と怒りました。たけるくんは「僕はとっくにできているから心配ないぜ」と言って、行ってしまいました。てんこちゃんはゆみちゃんを励まして、練習を続けて何とか踊れるようになりました。本番になると、体育館には子どもたちのお父さんやお母さん、おじいさんやおばあさん、妹や弟がいっぱい集まってお遊戯の発表を楽しそうに見ています。てんこちゃんのお母さんとおばあちゃんも見に来てくれました。てんこちゃんたちのグループは５番目の発表ですが、いよいよその時が来ました。てんこちゃんやゆみちゃん、たけるくんたちは大勢の人の前で舞台に立って、とても緊張して足がふるえてきました。てんこちゃんは「さっきまでの練習通りに踊れば大丈夫だね」とゆみちゃんに言うと、ゆみちゃんもしっかりとうなずきました。「さんぽ」という歌が流れてきて、てんこちゃんたちは元気よく踊り始めました。ところが、たけるくんは緊張してしまったのか、振り付けを忘れて立ち尽くしてしまいました。途中から何とかまわりの動きに合わせて踊りはじめましたが、終わった時はがっくりと落ち込んでいました。てんこちゃんとゆみちゃんは練習のおかげでとても上手に踊れたので、堂々とお辞儀をして、見ていたみんなの大きな拍手を受けていました。

①お遊戯会でのてんこちゃんの衣装はどれですか。正しいものに○をつけてください。
②てんこちゃんの朝ご飯はどれですか。正しいものに○をつけてください。
③てんこちゃんが踊った歌の名前に１番近いものを選んで○をつけてください。
④てんこちゃんたちの発表の順番は何番目でしたか。その数だけ○を書いてください。
⑤本番前に泣き出してしまったのは誰ですか。正しいものに○をつけてください。
⑥てんこちゃんのお家から見に来てくれた人を選んで○をつけてください。
⑦最後にたけるくんはどのような気持ちになりましたか。正しいものに○をつけてください。
⑧このお話の季節と同じものに○をつけてください。正しいものに○をつけてください。

〈時間〉　各20秒

〈解答〉　①左端　　②左から２番目　　③右から２番目　　④○５つ
⑤右端　　⑥おばあちゃんとお母さん（左端と右から２番目）
⑦左端　　⑧右端

学習のポイント

当校のお話の記憶は、標準よりは長めのお話を使い、細かな点についての質問もあるという難しいものです。お話を丸暗記することはできないので、聞く時の工夫が必要になるでしょう。慣れていないお子さまは、まず「誰が～を～した」という形で情報を整理しながら、お話の流れだけを覚えてみてください。この時、「数、色、特徴」といった形容詞や修飾語については特別意識する必要はありません。これだけでも簡単な「お話の記憶」の問題なら、答えることができます。次の段階は「（お話を聞く時に）場面をイメージしながら、お話の流れをつかむ」です。ここでも細かな表現を意識する必要はありませんが、「リボンをつけ、水玉模様のワンピースを着て…」という表現があればそのとおりにイメージするようにしてください。これを繰り返せば、細かなことを聞く問題にも答えれるようになるというわけです。

【おすすめ問題集】
１話５分の読み聞かせお話集①・②、１話７分の読み聞かせお話集入試実践編①
お話の記憶　初級編・中級編・上級編、Ｊｒ・ウォッチャー19「お話の記憶」

問題11　分野：巧緻性（点・線図形）

〈準備〉　鉛筆、色鉛筆

〈問題〉　この問題の絵は縦に使用してください。
（問題11の絵を渡して）
１番上の段を見てください。左の四角に描いてあるお手本と同じ形になるように点を結んでください。お手本のすぐ右に１つだけ書きましょう。☆のマークから書き始めてください。もしまちがえたら、２本線では消さずにその隣の２つの四角にかき直してください。

〈時間〉　10分

〈解答〉　下図参照

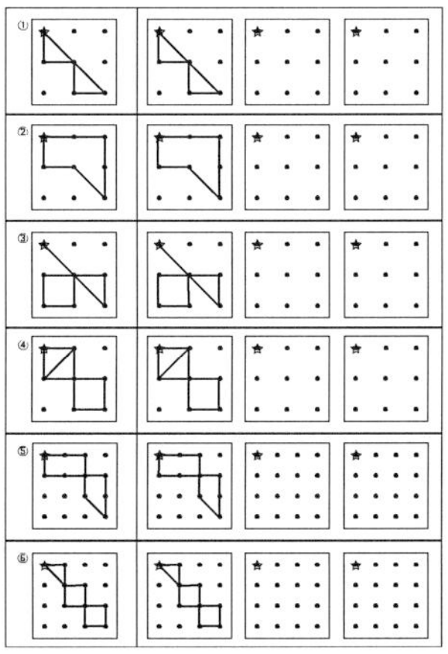

学習のポイント

見本を見ながらその通りに図形を描く、線を引くという課題は当校で頻出します。作業としてはそれほど難しいものではないので、確実に行っておきたいところです。点・線図形（「・」と「・」を結ぶ問題）では線の始点と終点を視界に入れてペン先を動かすようにすると、思い通りのものに近い線が引けるようになるでしょう。とは言ってもきれいで滑らかな線でなければ減点されるということはありません。ここでは評価されるのは年齢相応の集中力と巧緻性（器用さ）です。そういったものがないのではないかと疑われるような結果でなければよいのです。筆記用具の正しい持ち方、運筆などは事前に身に付けておく必要がありますが、特別な準備や練習は必要はないでしょう。

【おすすめ問題集】
Ｊｒ・ウォッチャー１「点・線図形」、51「運筆①」、52「運筆②」

問題12　分野：複合（数量・推理思考）

〈準備〉　サインペン（青）

〈問題〉　左の絵を見てください。グーで勝つと１段、チョキで勝つと２段、パーで勝つと３段上がることができます。また、グーで負けると１段、チョキで負けると２段、パーで負けると３段下がるというジャンケンゲームをします。
では、右を見てください。
①上の絵のように、サル君は階段の上、クマさんは階段の下にいます。絵のようにジャンケンを３回した結果、いまクマさんは階段のどこにいるでしょうか。選んで、階段の上の四角に○をつけてください。
②下の絵を見てください。２人はもう一度元の場所に戻ってゲームをやり直しました。今度は２回ジャンケンをしました。１回目は四角の中の絵のように、クマさんがチョキで、サル君がパーでした。２回目のジャンケンが終わった時、２人は階段の同じ場所に並びました。２回目のジャンケンの結果は下のどの絵でしょうか。選んで○をつけてください。

〈時間〉　各１分

〈解答〉　①下から２つ目の□　②左上（クマさんがパー、サル君がグー）

学習のポイント

最近、当校では複合問題、中でも推理の要素が入った問題が目立つようになりました。ここでは推理の問題の１つ「位置移動」と数量の複合問題を取り上げています。この問題、条件（サルが勝った、クマが負けた）によって違う「お約束」が適用されるというかなり複雑な問題です。さて、この問題の解き方ですが、あれこれ考えるよりも、「✓」などの印をつけながらそれぞれの移動を追っていくのが、結局は１番効率がよいかもしれません。ここまで約束事が複雑だと数え間違いや勘違いなどのケアレスミスがどうしても多くなるからです。当校の入試問題は分野によって難易度の違う問題が出題されるので、比較的難しい問題が出題される複合問題には慎重に取り掛りましょう。

【おすすめ問題集】
Ｊｒ・ウォッチャー14「数える」、31「推理思考」、47「座標の移動」

問題13　分野：制作（指示制作）

〈準備〉　茶色の画用紙（Ａ４サイズ・あらかじめ穴を開けておく）、くちばしと羽（２枚）の画用紙、目の形の線を書いた画用紙（２枚）、ひも、クーピーペン、スティックのり。
※問題13－１の絵は作り方の参考図です。お子さまに説明される時は、問題13－２の絵のみを「見本」としてご使用ください。問題13－３の絵は切り抜いてご使用ください。

〈問題〉　**この問題は絵を参考にしてください。**
これから空飛ぶ鳥を作ります。

①茶色の画用紙を半分に折って、穴の開いている方を上にして立てます。
②目の形の画用紙に青のクーピーペンで塗って、線に沿ってちぎりましょう。それを茶色の画用紙にのりで貼ってください。
③くちばし用の細長い画用紙に黄色のクーピーペンで色を塗って、点線のところで折って、見本のようにのりで貼りましょう。
④羽の画用紙を点線のところで折って、見本のように両側にのりで貼ります。
⑤茶色の画用紙の穴にひもを通してかた結びしましょう。これで空飛ぶ鳥の完成です。

〈時間〉　適宜

〈解答〉　省略

学習のポイント

なかに「ちぎり」の作業があります。当校ではあまり出題されたことはありませんが、最近入試で出題されることが多くなっています。一応練習をしておいてください。ほかは基本的な作業です。苦手なものがあれば練習しておきましょう。当校の制作問題に限ったことではありませんが、観点は「指示の理解と実行」です。保護者の方も結果だけを注目するのではなく、「指示（手順）は守れているか」「勘違いはしていないか」など「作るまで」を観察してください。結果（制作物）はどうでもよいとは言いませんが、年齢なりの知識（道具の使い方）や巧緻性（器用さ）があると判断されれば見栄えは関係ありません。

【おすすめ問題集】
Ｊｒ・ウォッチャー５「回転・展開」、23「切る・貼る・塗る」

問題14　分野：言語

〈準備〉　クーピーペン（青）

〈問題〉　「かける」という言葉に合った絵に○をつけてください。

〈時間〉　１分

〈解答〉　①（めがねをかける）④（電話をかける）⑥（掃除機をかける）

学習のポイント

言語の問題です。ひとくちに「かける」といってもめがねや服を「かける」や電話を「かける」、掃除機やアイロンを「かける」といったように同音異義語が多いのが日本語です。こうした問題でそういったことを学んでもよいのですが、文字が読めない（ということになっている）お子さまがそういったことをイラストを見ながら学ぶというのは効率がよくありません。できれば生活の場、お手伝いや外出の際にその使い方を含めて言葉を学んでもらいましょう。「掃除機をかけて」と頼めばよいのです。言語や常識は本来、生活の中で学んだものが出題される問題です。保護者の方はお子さまの学ぶ機会を設けるように工夫してあげましょう。

【おすすめ問題集】

Ｊｒ・ウォッチャー17「言葉の音遊び」、18「いろいろな言葉」

問題15　分野：図形（模写・重ね図形）

〈準　備〉　クーピーペン（ピンク）

〈問　題〉　**この問題の絵は縦に使用してください。**

透明な紙に描かれた２つの家のマス目に○があります。真ん中の点線で折って上の家と下の家をピッタリ重ねた時、○の位置はどうなりますか。両方の家に、○を書き足してください。すべてやりましょう。

〈時　間〉　３分

〈解　答〉　下図参照

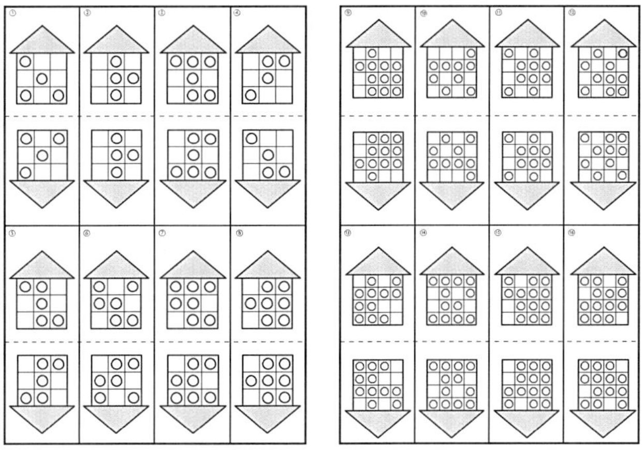

家庭学習のコツ①　「先輩ママのアドバイス」を読みましょう！

本書冒頭の「先輩ママのアドバイス」には、実際に試験を経験された方の貴重なお話が掲載されています。対策学習への取り組み方だけでなく、試験場の雰囲気や会場での過ごし方、お子さまの健康管理、家庭学習の方法など、さまざまなことがらについてのアドバイスもあります。先輩ママの体験談、アドバイスに学び、ステップアップを図りましょう！

学習のポイント

図形分野の問題ですが、線対称と座標の両方の要素が入った問題です。指示、つまり「何を聞いているか」を理解できれば、すんなり答えられるでしょう。しかし「上下に描かれている家の絵を真ん中に折った時にどのようになるか」と質問されて、「線対称の重ね図形が答えになる」と思いつくお子さまは滅多にいません。ほとんどのお子さまは指示を聞いて、その様子、つまり家の絵を真ん中の線で折った絵をイメージし、答えを書いてから「そういうことか」と気付くのではないでしょうか。図形分野の問題には慣れておいた方がよいとよく言われるのには、こうした問題で、「何を聞かれているのかを（慣れていないお子さまより）速く理解するため」なのです。

【おすすめ問題集】
Ｊｒ・ウォッチャー２「座標」、８「対称」、35「重ね図形」、48「鏡図形」

問題16　分野：数量

〈準備〉　サインペン（青）

〈問題〉　**この問題の絵は縦に使用してください。**
①動物たちがクッキーを１枚ずつ食べようとしていますが、数が足りません。何枚足りないかその数だけ◎の印の四角の中に○を書いてください。
②ドーナツを２匹で１個ずつ食べるとドーナツは何個残りますか。その数だけ●の印の四角の中に○を書いてください。
③アメを２個ずつ食べようと思いますが、数が足りません。足りない数だけ☆印の四角の中に○を書いてください。

〈時間〉　各20秒

〈解答〉　①○：１　②○：５　③○：２

学習のポイント

こうした問題でも数字を使って考えてはいけないというのが小学校受験の数量問題の難しさでしょう。①は分配の問題ですが、「クッキー６枚を５人で分ける」と聞いて、これを「６－５＝１」とは考えてはいけないわけです。面倒ですが「クッキー５枚を１人ずつに渡すと、もらえない人が１人いる」と考えます。ここで必要になのは、10までのもの（集合）ならいくつあるか、２つの集合のどちらが多いかがわかる、という感覚です。これがあれば、こうした問題に対する反応が素早くなるだけではなく、ケアレスミスも少なくなるでしょう。指折り数えることなく、10個以下のものがいくつあるかがわかる。小学校受験の「数量」では、これが大きな目標の１つになります。

【おすすめ問題集】
Ｊｒ・ウォッチャー14「数える」、40「数を分ける」

問題17　分野：記憶（お話の記憶）

〈準　備〉　クーピーペン（水色）

〈問　題〉　**この問題の絵は縦に使用してください。**
これからお話をしますから、よく聞いて後の質問に答えてください。

今日は家族で揃って山にハイキングに行くことになりました。朝起きた時にとても天気がよかったので、急に出かけることにしたのです。ですからお母さんは大変です。みんなのお弁当を作らなくてはなりません。そこでお父さんとお姉さんと弟の３人がお母さんより一足先に出かけて、お弁当ができたらお母さんは後から車でみんなを追いかけることになりました。お父さんとお姉さんと弟は、それぞれ水筒と途中で食べるおやつのお菓子を持って電車に乗り、そのあとバスに乗り、山の近くのバス停で降りて、そこから山のてっぺんまで歩いていきました。３人が山道を歩いているとリスに出会いました。リスはおいしそうにドングリを食べていました。それを見た弟が「なんだかお腹が空いてきた」と言ったので、その木の下でひと休みをしながらおやつを食べました。おやつを食べて水筒の温かいお茶を飲んだら元気が出て、３人は歌ったりしりとり遊びをしたりしながら山のてっぺんに向かって歩きました。山の頂上近くに車で来る人のための駐車場があって、その近くでお弁当を持ったお母さんといっしょになりました。「ああよかった！お母さんが来なかったらどうしようって、とても心配してたのよ」とお姉さんが言うと、「あら！お母さんじゃなくてお弁当が心配だったんじゃないの？」とお母さんが言ったので、みんなが笑いました。そのあと家族揃って山の頂上に着きました。頂上から見る景色は最高にきれいで、遠くの山がまるで空に浮かんでいるように見えました。山のおいしい空気をたくさん吸ったあと、みんなでお弁当を食べました。お父さんは３個、お母さんとお姉さんは２個ずつ、弟は１個おにぎりを食べました。お母さんとお姉さんは玉子焼きも食べました。お父さんと弟はウインナーも食べました。お腹がいっぱいになったところで、お母さんの運転する車で家に帰りました。とても楽しい１日でした。

①山道を歩いて登ったのは誰ですか。その人に○をつけてください。
②誰が１番多くおにぎりを食べましたか。その人に○をつけてください。
③お母さんはどうやって山に行きましたか。お母さんが乗ってきた乗り物に○をつけてください。
④お母さんとお姉さんは何を食べましたか。食べたものに○をつけてください。
⑤このお話の季節はいつだと思いますか。お話と同じ季節の絵に○をつけてください。

〈時　間〉　２分

〈解　答〉　①弟・お姉さん・お父さん　②お父さん　③車
④おにぎりと玉子焼き　⑤お月見（秋）

家庭学習のコツ②　「家庭学習ガイド」はママの味方！

問題演習を始める前に、試験の概要をまとめた「家庭学習ガイド（本書カラーページに掲載）」を読みましょう。「家庭学習ガイド」には、応募者数や試験課目の詳細のほか、学習を進める上で重要な情報が掲載されています。それらの情報で入試の傾向をつかみ、学習の方針を立ててから、対策学習を始めてください。

学習のポイント

当校では設問④のように、お話の細かい点ついてたずねる質問があります。「～は～を食べました」という表現が何度も出てくるので、いかにもお子さまが混乱しそうです。もし、お子さまが混乱するようなら、それは記憶力がないと言うより、お話の流れが把握できていないと考えてください。お話を何となく聞いてもお話の流れは把握できません。こういった問題が苦手、または慣れていないというお子さまは次のようなルールでお話を聞いてみましょう。①「誰が」「何を」「～した」といったことを整理しながらお話を聞く②場面が変わるごとにその様子をイメージする、の２つです。この２つを守れば頭の中で情報が整理され、お話の流れがつかめるようになります。

【おすすめ問題集】
　１話５分の読み聞かせお話集①・②、お話の記憶 初級編・中級編・上級編、
　Ｊｒ・ウォッチャー19「お話の記憶」

問題18　分野：巧緻性

〈準　備〉　４色のストロー各３本（計12本）、４色のモール各１本（計４本）を用意する。

〈問　題〉　（問題18の絵を見せて）
見本のように同じ色のストローのななめの部分を上にして３本束ねて、同じ色のモールで結びましょう。４色それぞれ作ってください。

〈時　間〉　２分

〈解　答〉　省略

学習のポイント

当校の制作問題ではそれほど複雑なものは作りませんから、チェックされるのは「指示の理解と実行」と考えてください。入学すればもっとも必要とされるものです。巧緻性（器用さ）やマナー（後片付け）などは年齢なりにできていれば問題ありません。出来上がったものに関しても同様で、いいものを作っても指示を守っていなければ評価されないでしょう。とは言え、結果から評価されることもないとは言えません。例えば、与えられた時間の中で作ることことができないと、年齢なりの器用さがない、道具の使い方を知らないという評価をされるかもしれません。そのように思われないだけの練習はしておきましょう。

【おすすめ問題集】
　実践 ゆびさきトレーニング①②③、Ｊｒ・ウォッチャー23「切る・貼る・塗る」

問題19　分野：推理（系列、四方からの観察）

〈準 備〉　鉛筆

〈問 題〉　この問題の絵は縦に使用してください。

①②
左の四角の中の積み木は、右の四角の中のどの積み木を組み合わせるとできると思いますか。２つ選んで○をつけてください。

③
空いている四角には○がいくつ入りますか。その数だけ四角の中に○を書いてください。

〈時 間〉　①②１分　②３分

〈解 答〉　下図参照

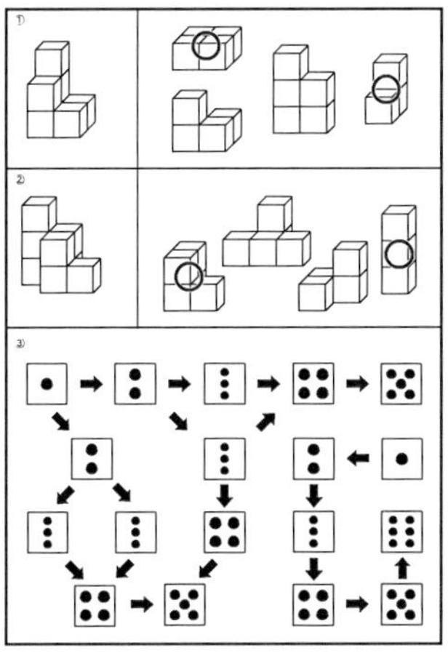

学習のポイント

繰り返しになりますが、当校では傾向が変わり、この問題のような「分野をまたいだ複合問題」が出るようになっています。１つひとつの問題はそれほど難しくありません。①②は図形の構成の問題です。パッと答えが閃かないようなら、積み木を使って問題のように組み上げてみてください。小学校受験受験の段階では「なぜこうなるのか」ということはわからなくてもよいので、目で見て、手を使って立体（積み木）の組み合わせを覚えていきましょう。③は系列の問題ですが、サイコロの目の数が増えていく系列（パターン）を考えるという少しひねった問題です。わかりにくければ、サイコロの１を「○」、サイコロの２を「◎」などに置き換えて考えてみてください。わかりやすくなります。

【おすすめ問題集】
Ｊｒ・ウォッチャー14「数える」、３「パズル」、６「系列」、
53「四方からの観察　積み木編」

問題20　分野：複合（言語・常識）

〈準 備〉　鉛筆

〈問 題〉　①「ライオン」と同じ音の数の言葉を選んで○をつけてください。
②『シンデレラ』のお話に関係のある絵には△を『かぐや姫』のお話に関係のある絵には○をつけてください。

〈時 間〉　３分

〈解 答〉　①シマウマ、コウモリ　②○：カボチャ、ガラスの靴　△：タケ、月

学習のポイント

当校では言語、語彙に関しては「常識の１つ」ととらえているようで、同じ問題で言葉に関する知識といわゆる一般常識が聞かれることがあります。中でもよく出題されるのは、言語に関しては「言葉の音」について、常識では生活常識と古今東西の有名なお話に関する知識です。当たり前のことですが、有名なお話の知識を得るにはそういうお話を聞く機会を多く持つことが１番です。お話に関する知識を得ると同時に語彙も増やすことにもつながるので効率のよい学習になるでしょう。親子のコミュニケーションの１つになるようできるだけ読み聞かせた方がよいですが、時間がないならこだわる必要はありません。市販のＤＶＤなどを使ってお子さまがそういうものに触れる機会を多く持つようしてください。ただし、あらすじや設定の異なっているものやパロディになっているものには注意してください。誤った知識を覚えてしまうかもしれません。

【おすすめ問題集】
Ｊｒ・ウォッチャー17「言葉の音遊び」、18「いろいろな言葉」、
60「言葉の音（おん）」

問題21　分野：図形（パズル）

〈準 備〉　サインペン（青）

〈問 題〉　左端にある形を作るためには横にある形をそれぞれいくつ使いますか。その数だけ右の四角の中に○を書いてください。

〈時 間〉　①30秒　②１分

〈解 答〉　①【左側】上段：５　真ん中：０　下段：１　【右側】上段：２
②【左側】上段：５　真ん中：３　下段：３
【右側】上段：１　真ん中：１　下段：７

学習のポイント

パズルの問題です。右側にあるパズルのピースを回転させたり、反転させたりして左側の見本の形に当てはめていくという作業の繰り返しになります。実際のパズルと違うのは、ピースに触れられないので、頭の中でそういった「操作」をしなければならないということです。小学校受験の段階では、「ここにこの形（ピース）が入って、次にこの形がその下に…」といったことは感覚的にわかれば問題ありません。同じような問題を解いていく中でその感覚を磨いていってください。なお、標準的な問題よりもピースの数が多いので使ったものには「✓」を入れるといった工夫をしておけばケアレスミスも少なくなるでしょう。解き方を覚える学習ではなく、解き方を考える学習を行うこと、保護者の方は答えではなく、方向性をヒントとして与えましょう。

【おすすめ問題集】

Ｊｒ・ウォッチャー３「パズル」、９「合成」、45「図形分割」、54「図形の構成」

問題22　分野：複合（常識・推理）

〈準備〉　鉛筆（赤）

〈問題〉　**この問題の絵は縦に使用してください。**

①１番上の段を見てください。さまざな動物の足跡があります。この足跡の中でウマの足跡には○を、ニワトリの足跡には×をつけてください。

②上から２番目の段を見てください。左にある傘には足りない部分があります。足りないところにあてはまる絵を右から選んで、○をつけてください。

③真ん中の段を見てください。左にアサガオが咲いていますが葉がありません。正しいものを右の絵から選んで○をつけてください。

④下から２番目の段を見てください。左にカップの絵が描いてあります。このカップを上から見るとどのように見えますか。正しい絵を右から選んで、○をつけてください。

⑤１番下の段を見てください。左に絵が描いてあります。この絵を上から見るとどのように見えますか。正しい絵を右から選んで、○をつけてください。

〈時間〉　各20秒

〈解答〉　下図参照

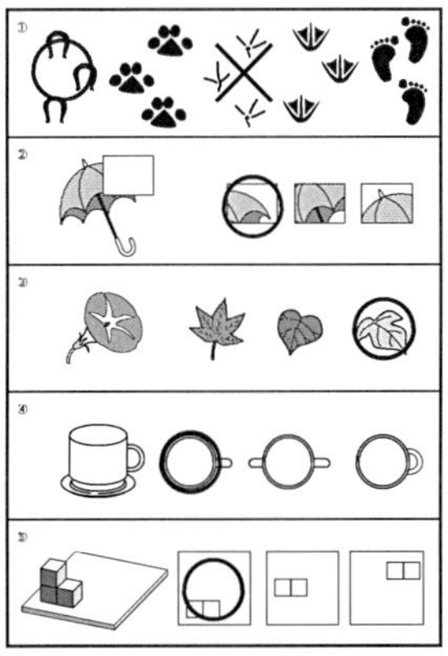

学習のポイント

当校入試では、常識と他分野の問題を組み合わせた複合問題が例年出題されています。難しいものではありませんが、あまり見ない形です。何を聞かれているのかを確認して、落ち着いて解答してください。①は常識・理科の問題です。動物の足跡はたまに問われるので、生態・姿などとともに知っておきましょう。②③は「欠所補完」と「常識」の問題です。②については、常日頃見ているものですから推測できますが、③はアサガオの実物を見たことがないと推測するのが難しいかもしれません。小学校受験で葉や種についてたずねられる草花は限られているので、できれば知識として押さえておいてください。④⑤は「四方からの観察」の問題です。積み木以外にも、カップなどの日用品でもこのような形で問題になります。もっとも、積み木を並べたものよりはイメージはしやすいでしょうから、「ここから見たらこのように見えるのではないか」という推測もしやすいでしょう。

【おすすめ問題集】
　Ｊｒ・ウォッチャー10「四方からの観察」、27「理科」、
　53「四方からの観察　積み木編」、55「理科②」

問題23　分野：言語（しりとり）

〈準　備〉　鉛筆（赤）

〈問　題〉　左の四角の中の絵を、しりとりでつなげてください。上の○から始め、空いているところに入るものを右の四角の中から探して、線で結びましょう。

〈時　間〉　１分

〈解　答〉　下図参照

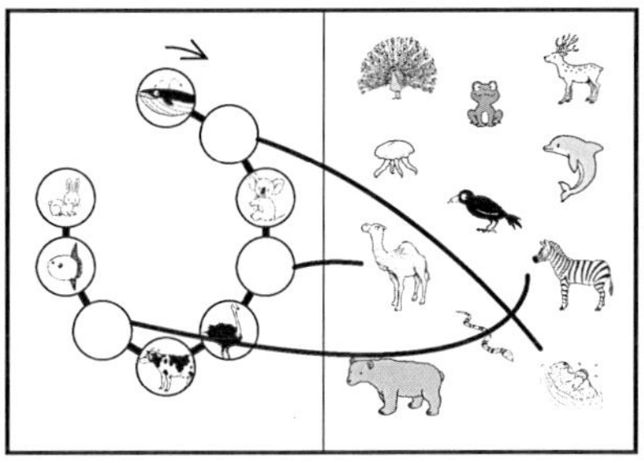

家庭学習のコツ③　効果的な学習方法～問題集を通読する

過去問題集を始めるにあたり、いきなり問題に取り組んではいませんか？　それでは本書を有効活用しているとは言えません。まず、保護者の方が、すべてを一通り読み、当校の傾向、ポイント、問題のアドバイスを頭に入れてください。そうすることにより、保護者の方の指導力がアップします。また、日常生活のさまざまなことから、保護者の方自身が「作問」することができるようになっていきます。

学習のポイント

しりとりや「“あ”で始まる言葉をたくさん言う」といった言葉遊びは、手軽にできるだけでなく、語彙の獲得・定着に役立ちます。電車や車に乗っている時、病院などで順番を待っている時など、ちょっとした時間があれば言葉遊びを行い、お子さまが楽しみながら言葉を覚えるよう誘導してください。注意するのは、幼児言葉や方言ではなく、一般的な呼び方で言葉をで教えることです。よく目にするもの、よく使う言葉については標準語で、と保護者の方も意識しておきましょう。また、言葉の音（おん）を意識させるなら、例えば、「す・い・か」１音ずつ指折り数えながら、はっきりと言わせてみるのも学習になります。言葉を構成する音や音の数が自然と意識されるので、「２番目の音が同じものを選ぶ」といった問題に対応できる語彙が身に付くのです。

【おすすめ問題集】
Ｊｒ・ウォッチャー49「しりとり」

問題24　分野：複合（点つなぎ・回転図形）

〈準備〉　鉛筆（赤）

〈問題〉　**この問題の絵は縦に使用してください。**
①②③
１番上の段の左の形と同じになるように、右の図の点を結びましょう。
３問続けてやりましょう。
④⑤⑥
下から３番目の段を見てください。左の絵の左上に☆がついています。☆が右下になるように回転させると、右の絵のようになります。その下の段の絵を同じように回転させるとどのような形になりますか。右側の絵の点と点を結び、その形を書いてください。

〈時間〉　①②③１分30秒　④⑤２分

〈解答〉　下図参照

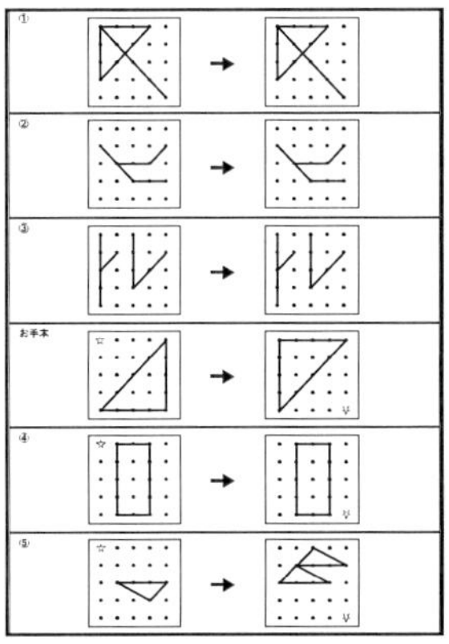

学習のポイント

当校では、点・線図形の問題が例年出題されています。ほとんどは、①～③のようにお手本を見ながら、その通りに書き写すという内容ですから、それほど難しいものではありません。その線の始点・終点をあらかじめを把握して、ていねいに線を引けば見た目もよいものになるでしょう。よく出題される運筆の課題としては、図形の輪郭をなぞったり、２本の線の間に線を引くといったものがありますが、基本の形はこの問題のように、点を直線でつなぐものです。この形式なら問題なく作業ができる程度に運筆のテクニックを学んでください。④～⑥は、運筆だけなく、その形が回転するとどのようになるかということも聞いています。それがイメージできない場合は、図形に関する知識と学習が足りないということになりますから、類題を解いてみるなどして基本的な図形に対する感覚を身に付けておきましょう。

【おすすめ問題集】

Ｊｒ・ウォッチャー１「点・線図形」、５「回転・展開」

問題25　分野：図形（鏡図形）

〈準備〉　鉛筆（赤）

〈問題〉　１番上の段を見てください。左端の四角の形は透明な紙に描かれています。この形を裏側から見るとどのように見えるでしょう。右の四角から選んで、正しいものに○をつけてください。下の段も同じように答えてください。

〈時間〉　各30秒

〈解答〉　①左　②右　③真ん中

学習のポイント

図形分野の問題は観察力が必要な分野です。例えば、「左の四角に描いてあるものと同じものを右の四角から選びなさい」という問題であれば、図形それぞれの特徴を把握しないと解答できないからです。この問題に答えるためのポイントは２つです。①複数の図形が描かれた、見本の図形をよく観察してその特徴をとらえる。②この問題が結局「（描かれている図形の）鏡図形を聞いている」とひらめく。つまり、「透明なシートに描かれた図形を裏から見る」ということは「鏡に写した図形を見ること」と同じだと見抜くということです。正直なところ、小学校受験の図形分野の問題にある程度慣れていないとこういった発想はできませんが、合格を目指すなら必要なことです。徐々にで構いません。そのレベルまで達するように学習を進めてください。

【おすすめ問題集】

Ｊｒ・ウォッチャー４「同図形探し」、８「対称」、48「鏡図形」

問題26　分野：記憶（お話の記憶）

〈準 備〉　鉛筆（赤）

〈問 題〉　コンタくんが朝起きると空は雲がいっぱいで、今にも雨が降りそうです。運動が苦手なキツネのコンタくんは「運動会が雨で中止にならないかな」と思いました。「今日のコンタの運動会には、お父さんとお母さんで応援に行くからがんばってね。お弁当は何がいい？」とお母さんに聞かれたので、コンタくんは「僕の嫌いなトマトは入れないでね」と言いました。お母さんは星マークのついたエプロンを着てお弁当を作っています。起きた時は曇っていましたが、出かける時間になると空から日が差し始め、どうやら運動会は中止にはならないようです。運動会に行く途中、空にはこいのぼりが泳いでいました。
コンタくんは運動会では青組です。玉入れは青組が勝ちました。次の綱引きは白組が勝ちました。お昼のお弁当を食べ終わると、いよいよかけっこです。コンタくんはキリンさん、タヌキさん、ゾウさん、ブタさん、ウサギさんと走りました。「ヨーイ、ドン！」で走り出すと、コンタくんはいきなりつまづいてしまいました。あきらめてゆっくり走ろうとしていたコンタくんに、「コンタがんばれー」というお父さんとお母さんの声が聞こえました。コンタくんはビリになりましたが、最後まで一生懸命走りました。

（問題17の絵を渡して）
①コンタくんの嫌いな食べものに×をつけてください。
②お母さんのエプロンには何のマークがついていましたか。○をつけてください。
③コンタくんとかけっこをしていない動物に○をつけてください。
④このお話と同じ季節のものに○をつけてください。

〈時 間〉　各30秒

〈解 答〉　①左から２番目（トマト）　②左から２番目（星マーク）
③右から２番目（イヌ）　④真ん中（入学式・春）

学習のポイント

当校入試のお話の記憶問題は、お話が標準的長さで、ほとんどの質問はお話の流れに沿ったものという、答えやすい形になっています。この問題も「運動の苦手なコンタくんが、かけっこで転んだが最後までがんばった」というシンプルなストーリーです。前半と後半で話のテンポが違い、登場する動物も多いのですが、ひねったところはありません。こうしたお話は、１つひとつの事柄を暗記しようとすると、全体の流れが把握できなくなります。それを防ぐために、言葉ではなく、お話の場面を思い浮かべながらお話を聞きましょう。「お母さんが星マークの付いたエプロンを着ている」と覚えるのではなく、「星のマークが付いたエプロンを着た、お母さんがコンタくんと話している」シーンをイメージするのです。紙芝居を観るように、イメージでお話を記憶すると、ストーリーを把握できるだけなく、記憶できる量も増えます。

【おすすめ問題集】
１話５分の読み聞かせお話集①・②、お話の記憶 初級編・中級編・上級編、
Ｊｒ・ウォッチャー19「お話の記憶」、34「季節」

問題27　分野：見る記憶

〈準備〉　鉛筆

〈問題〉　**問題27-1、27-2の絵は縦に使用してください。**
①（問題27-1①の絵を見せる）
絵に描いてあるものをよく覚えてください。
（15秒後、問題27-1①の絵を伏せ、問題27-2の絵を渡す）
○はどこにありましたか。その場所に○を書いてください。
②（問題27-1②の絵を見せる）
絵に描いてあるものをよく覚えてください。
（15秒後、問題27-1②の絵を伏せ、問題27-2の絵を渡す）
イヌは何匹いましたか？　いた数だけ上の四角に○を書いてください。
タヌキはどこにいましたか？　タヌキのいたところに○を書いてください。

〈時間〉　①10秒　②20秒

〈解答〉　省略

学習のポイント

「見る記憶」の問題は当校入試で頻出しています。その特徴は「何が、どこに、いくつあったか？」と聞かれることです。「何があったか？」「あったものに○をつける」といった単純な問いではありません。答えるためには、最初に見る絵の内容を効率よく覚え、情報を整理しておく必要があります。おすすめしたいのは、1つひとつの項目をバラバラに覚えるのではなく、この問題を例に取ると、上段に左から「イヌ・イヌ・タヌキ・タヌキ・タヌキ」、下段に左から「タヌキ・タヌキ・イヌ・タヌキ・イヌ」と並んでいる、といった形で「何がどこに」を整理してから覚える方法です。慣れないうちは、○や△などの記号でメモを取りながら覚えてもよいでしょう。自分の覚えやすい方法を見つけて、絵を構成するものを関連付けしながら覚えてください。こうした問題にもスムーズに解答できるはずです。

【おすすめ問題集】
Ｊｒ・ウォッチャー20「見る記憶・聴く記憶」

問題28　分野：制作（課題画）

〈準備〉　クレヨン、画用紙、丸シール（適宜）

〈問題〉　**この問題の絵はありません。**
①「ありがとう」とあなたが言っている時の顔を描いてください。
②顔の周りに丸シールを貼ってください。

〈時間〉　10分

〈解答〉　省略

学習のポイント

当校の制作問題は、「基本的な作業ができる」「指示の理解と実行できる」という2つの観点で主に評価されています。発想力や作品の完成度について評価されない、ということではありませんが、あくまで補足でしょう。よほどのものでなければ、評価に関係しません。ですから、よい評価を得るためには、①道具の扱いを含めて「切る・塗る・貼る」といった基本的作業ができる、②人の話（指示）を理解して、それを実行するということになります。①の対策は経験を積むことしかありませんが、②は日常生活で対策が行なえます。「指示→実行」という流れは学習だけなく、生活のあらゆる場面にあるはずですから、積極的に活用してください。お手伝いでもおつかいでも構いません。お子さまに課題と機会を与えてみてください。

【おすすめ問題集】

実践 ゆびさきトレーニング①②③、Ｊｒ・ウォッチャー22「想像画」、
24「絵画」、29「行動観察」

問題29　分野：行動観察・運動

〈準備〉　ピアノ、ボール（適宜）、コーン、マット

〈問題〉　**この問題の絵はありません。**

①ピアノの音に合わせて、指示された動きをする。
・低い音：クマがきた合図。頭を抱えてしゃがみ、音が鳴り終わるまで待つ。
・高い音：ウサギになる。両手で耳を作ってピョンピョン跳ぶ。
②ケンパをする。
※その時自分で「ケンパ、ケンパ、ケンケンパ」と声を出しながら行う。
（４人１組のグループになり、体育館へ移動）
③笛の合図でコーンまでかけ足で行き、戻ってくる。
④マットに移動し、先生が絵本を読むのを聞き、内容についての質問を受ける。

〈時間〉　適宜

〈解答〉　省略

家庭学習のコツ④　効果的な学習方法～お子さまの今の実力を知る

１年分の問題を解き終えた後、「家庭学習ガイド」に掲載されているレーダーチャートを参考に、目標への到達度をはかってみましょう。また、あわせてお子さまの得意・不得意の見きわめも行ってください。苦手な分野の対策にあたっては、お子さまに無理をさせず、理解度に合わせて学習するとよいでしょう。

学習のポイント

当校では音楽やリズムに乗って指示された行動を行う、という課題が例年出題されています。特に難しいものではなく、年齢相応の感覚があれば特に対策は必要ありません。テスターが手本を見せてくれますから、よく観察して覚えましょう。問題は④で、試験を受ける側は、運動からお話を聞くという、頭の切り替えが少々難しい課題になっています。遊戯やゲーム、競争といったもので体を動かすと、少し元気になってしまうのがお子さまというものですから、ある程度は仕方ありませんが、騒いだりして悪目立ちをするの避けてください。国立小学校の入試は、優れた才能・資質を発見する、と言うよりは、年齢相応の成長をしていない児童をチェックするために行うものです。お子さまに「大人しくしていなさい」とまで言う必要はありませんが、「言われたこと、ルール・マナーは守る」ということは、試験前に念押ししておいた方がよいかもしれません。

【おすすめ問題集】
新運動テスト問題集、Ｊｒ・ウォッチャー28「運動」、
Ｊｒ・ウォッチャー29「行動観察」

問題30　分野：口頭試問・親子活動

〈準　備〉　なし

〈問　題〉　（問題30のイラストを見せて、志願者に）
①動物の絵がありますね。この絵の中で好きな動物を選んでください。
②（選んだ動物の名前）のお誕生日会が明日あります。どんなお祝いをしてあげますか。（保護者と）相談して答えてください。

〈時　間〉　５分程度

〈解　答〉　省略

学習のポイント

2019年度入学者向けの入試から、当校では「親子活動」の課題が与えられるようになりました。趣旨としては、応募書類からはわからない親子関係をうかがう、といったところではないでしょうか。もちろん、そこから保護者の教育に対する価値観や方向性を測っているでしょう。こういった課題には、正しい答えというものはなく、観察されているのはプロセスです。親子で話し合う様子を観察されているのです。そこでお互いの意見を尊重しあっていれば何の問題もありません。実際の対処としては、保護者の方は最初にお子さまの考えを聞き、それを否定するのではなく、アドバイスするような形で返答するといった形の会話がよいでしょう。お子さまとのコミュニケーションがとれていること、教育熱心であることがアピールできます。

【おすすめ問題集】
新口頭試問・個別テスト問題集、Ｊｒ・ウォッチャー29「行動観察」

大阪教育大学附属天王寺小学校　専用注文書

年　　月　　日

合格のための問題集ベスト・セレクション

＊入試頻出分野ベスト３

1st　お話の記憶

集中力　聞く力

2nd　図　形

思考力　観察力

3rd　行動観察

聞く力　話す力　思考力

分野は広く、基礎から応用まで思考力を問う試験です。「親子活動」「保護者作文」も導入されています。お子さまの学力だけなく、保護者も試される試験になったと言えるでしょう。

分野	書　名	価格(税込)	注文	分野	書　名	価格(税込)	注文
図形	Ｊｒ・ウォッチャー 6「系列」	1,650 円	冊	推理	Ｊｒ・ウォッチャー 31「推理思考」	1,650 円	冊
常識	Ｊｒ・ウォッチャー 11「いろいろな仲間」	1,650 円	冊	常識	Ｊｒ・ウォッチャー 34「季節」	1,650 円	冊
数量	Ｊｒ・ウォッチャー 14「数える」	1,650 円	冊	図形	Ｊｒ・ウォッチャー 46「回転図形」	1,650 円	冊
推理	Ｊｒ・ウォッチャー 15「比較」	1,650 円	冊	図形	Ｊｒ・ウォッチャー 47「座標の移動」	1,650 円	冊
数量	Ｊｒ・ウォッチャー 16「積み木」	1,650 円	冊	言語	Ｊｒ・ウォッチャー 49「しりとり」	1,650 円	冊
言語	Ｊｒ・ウォッチャー 17「言葉の音遊び」	1,650 円	冊	巧緻性	Ｊｒ・ウォッチャー 51「運筆①」	1,650 円	冊
言語	Ｊｒ・ウォッチャー 18「いろいろな言葉」	1,650 円	冊	巧緻性	Ｊｒ・ウォッチャー 52「運筆②」	1,650 円	冊
記憶	Ｊｒ・ウォッチャー 19「お話の記憶」	1,650 円	冊	常識	Ｊｒ・ウォッチャー 55「理科②」	1,650 円	冊
記憶	Ｊｒ・ウォッチャー 20「見る記憶・聴く記憶」	1,650 円	冊	常識	Ｊｒ・ウォッチャー 56「マナーとルール」	1,650 円	冊
巧緻性	Ｊｒ・ウォッチャー 22「想像画」	1,650 円	冊	言語	Ｊｒ・ウォッチャー 60「言葉の音（おん）」	1,650 円	冊
巧緻性	Ｊｒ・ウォッチャー 23「切る・貼る・塗る」	1,650 円	冊		新 願書・アンケート・作文文例集 500	2,860 円	冊
常識	Ｊｒ・ウォッチャー 27「理科」	1,650 円	冊		1話5分の読み聞かせお話集①②	1,980 円	各　冊
運動	Ｊｒ・ウォッチャー 28「運動」	1,650 円	冊		新 個別テスト・口頭試問問題集	2,750 円	冊
行動観察	Ｊｒ・ウォッチャー 29「行動観察」	1,650 円	冊		実践 ゆびさきトレーニング①②③	2,750 円	各　冊

合計	冊	円

（フリガナ） 氏　名	電　話 ＦＡＸ E-mail
住 所　〒　　　－	以前にご注文されたことはございますか。 有　・　無

★お近くの書店、または記載の電話・FAX・ホームページにてご注文をお受けしております。
電話：03-5261-8951　FAX：03-5261-8953　代金は書籍合計金額＋送料がかかります。
※なお、落丁・乱丁以外の理由による商品の返品・交換には応じかねます。

★ご記入頂いた個人に関する情報は、当社にて厳重に管理致します。なお、ご購入の商品発送の他に、当社発行の書籍案内、書籍に関する調査に使用させて頂く場合がございますので、予めご了承ください。

日本学習図書株式会社
http://www.nichigaku.jp

問題1

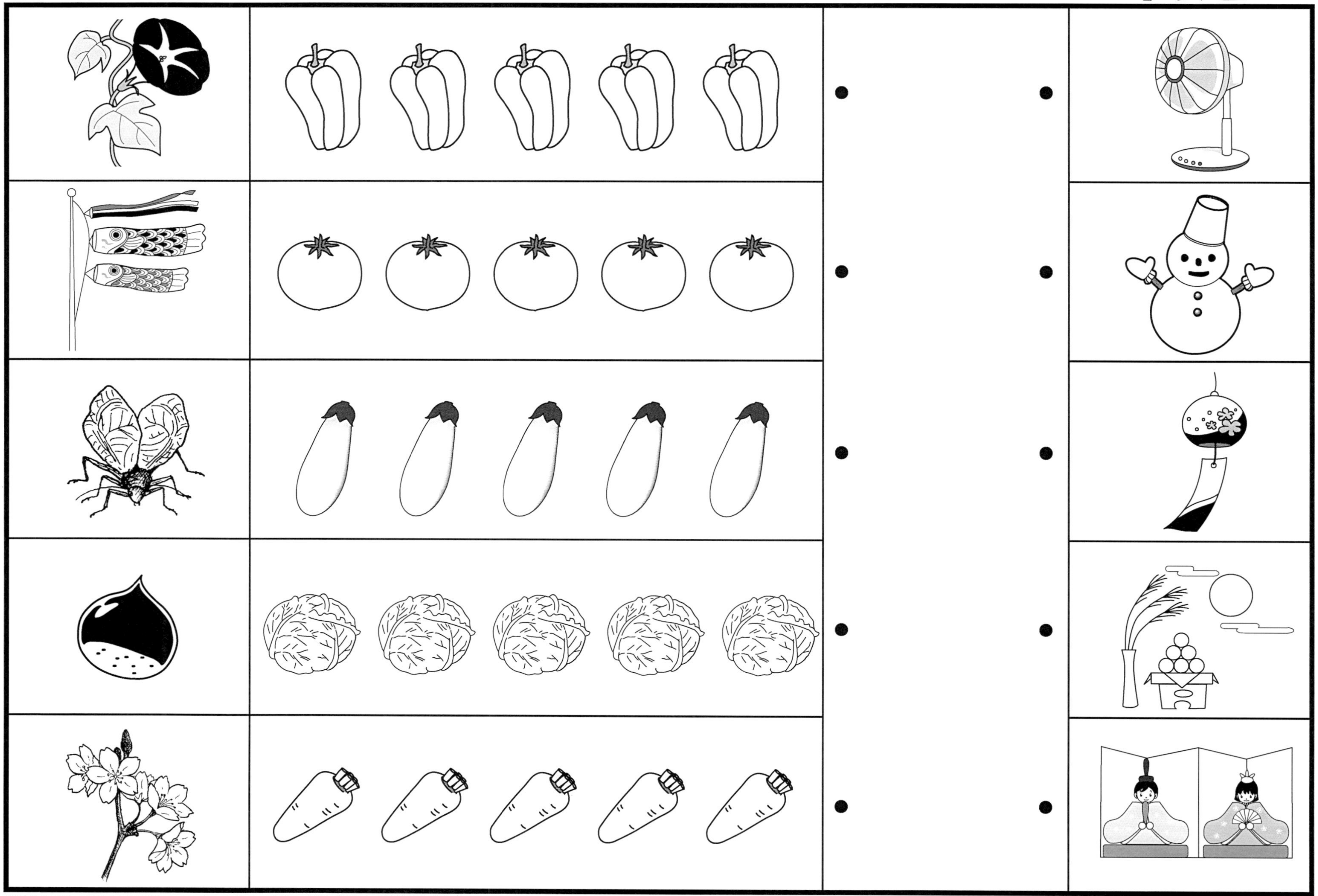

問題2

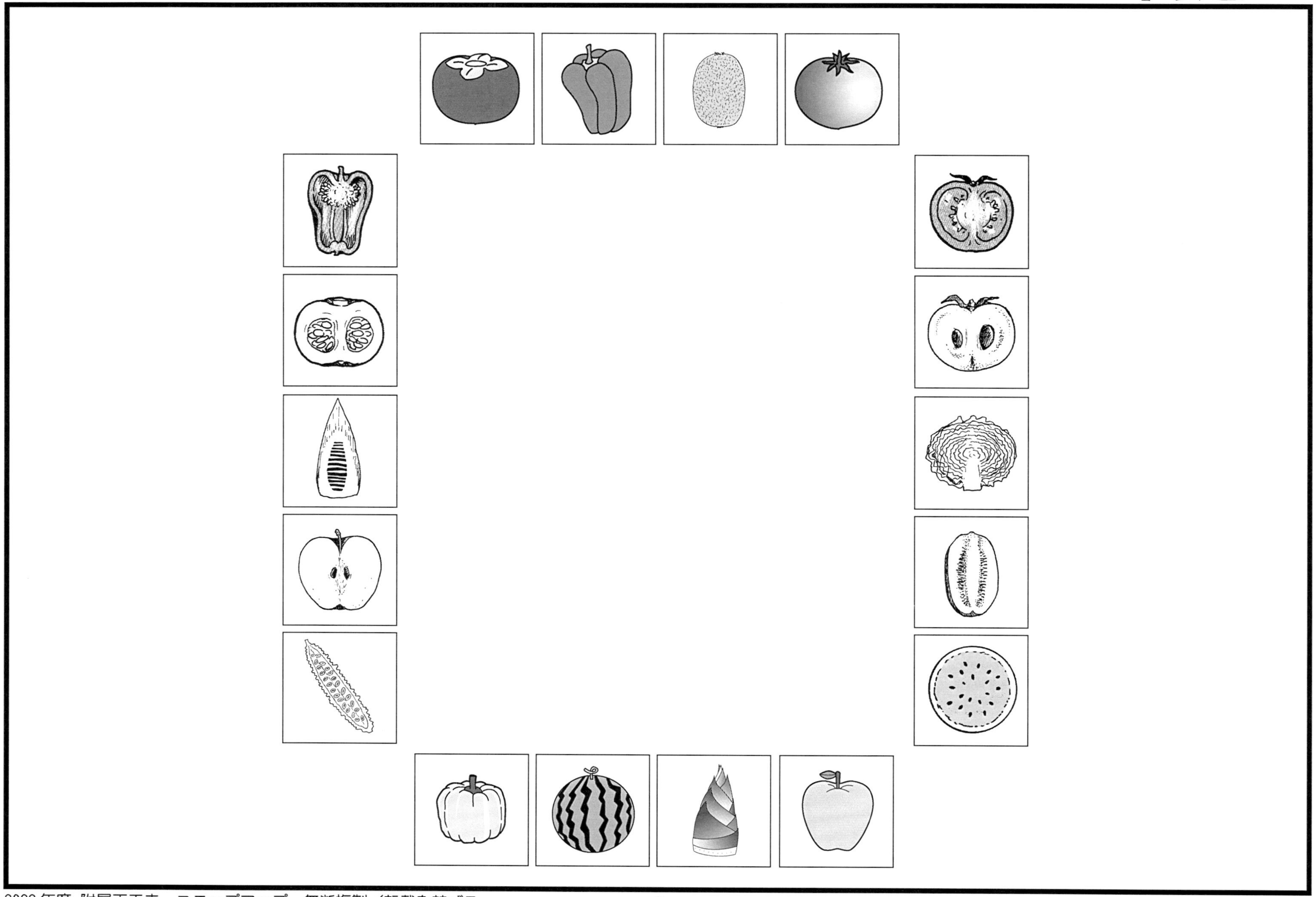

問題 3

①

②

③

問題4

日本学習図書株式会社

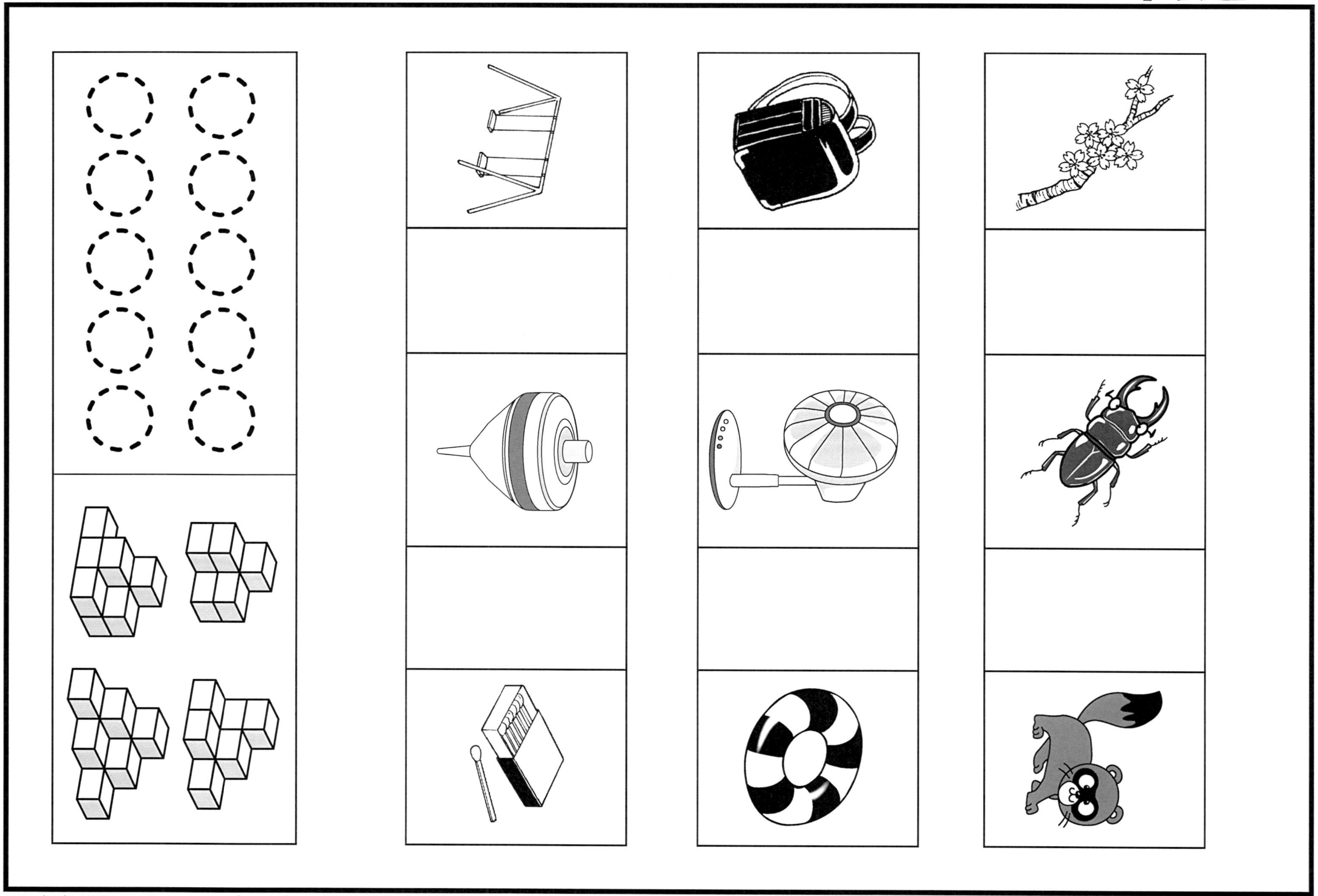

問題6

2022年度 附属天王寺 ステップアップ 無断複製／転載を禁ずる 日本学習図書株式会社

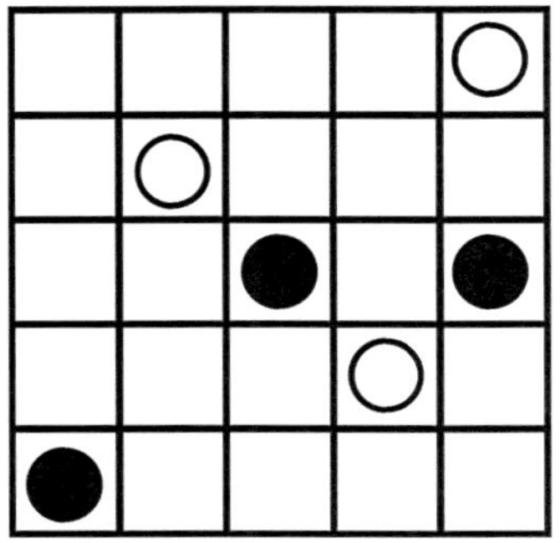

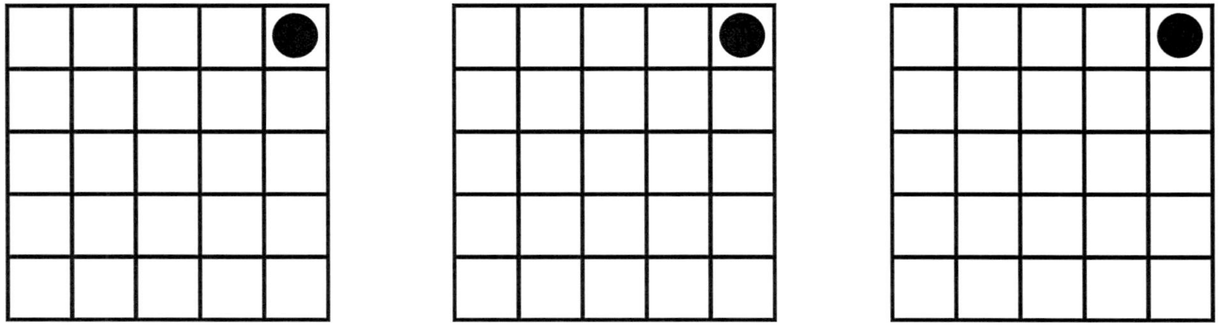

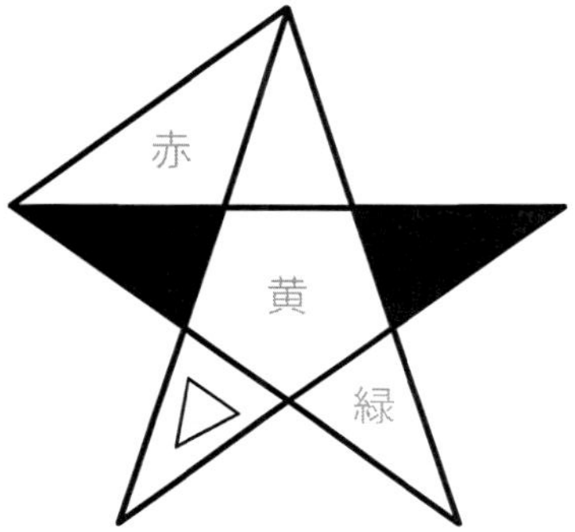

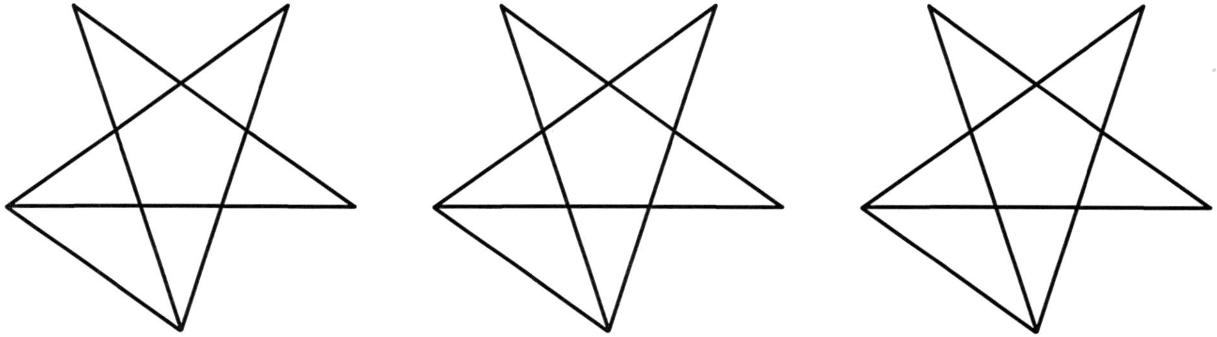

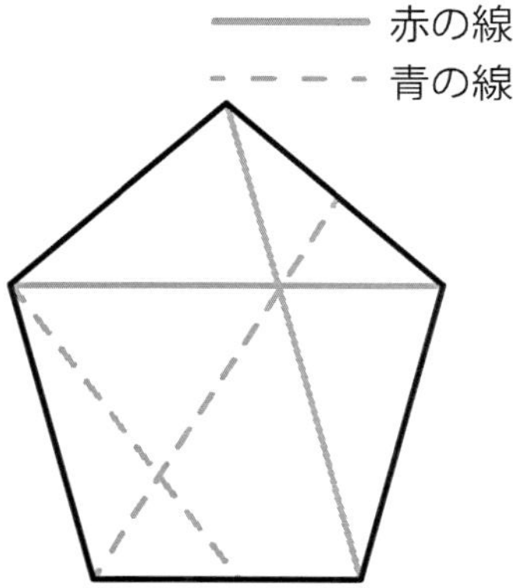

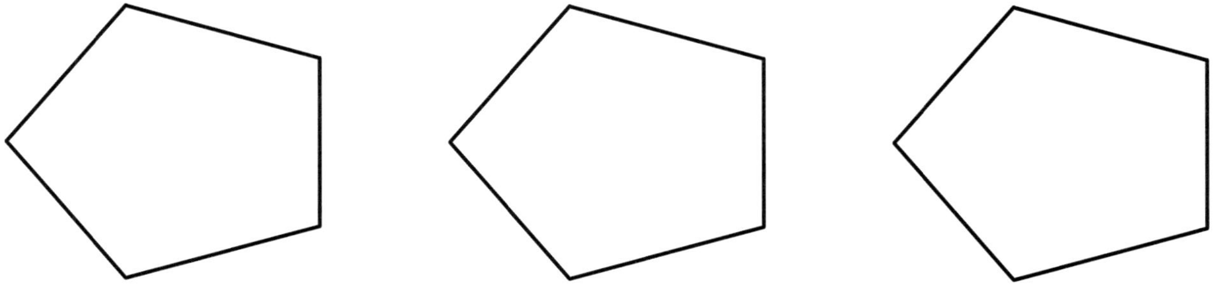

問題 7

問題9

問題10−1

①

②

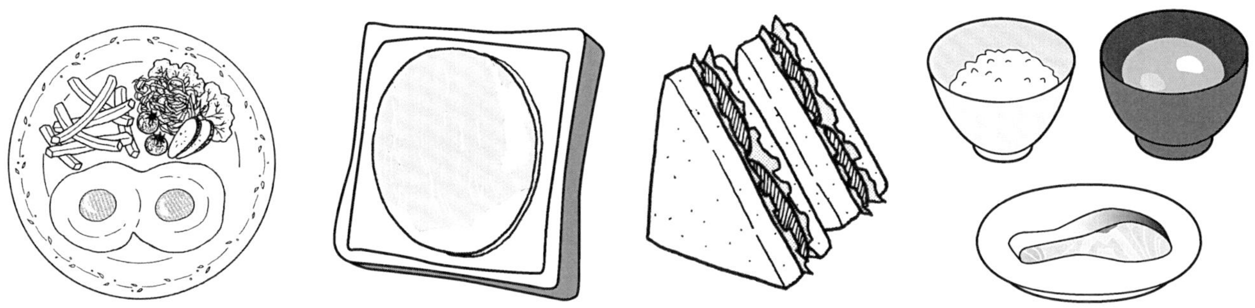

③

④

問題１０－２

⑤

⑥

⑦

⑧

問題１１

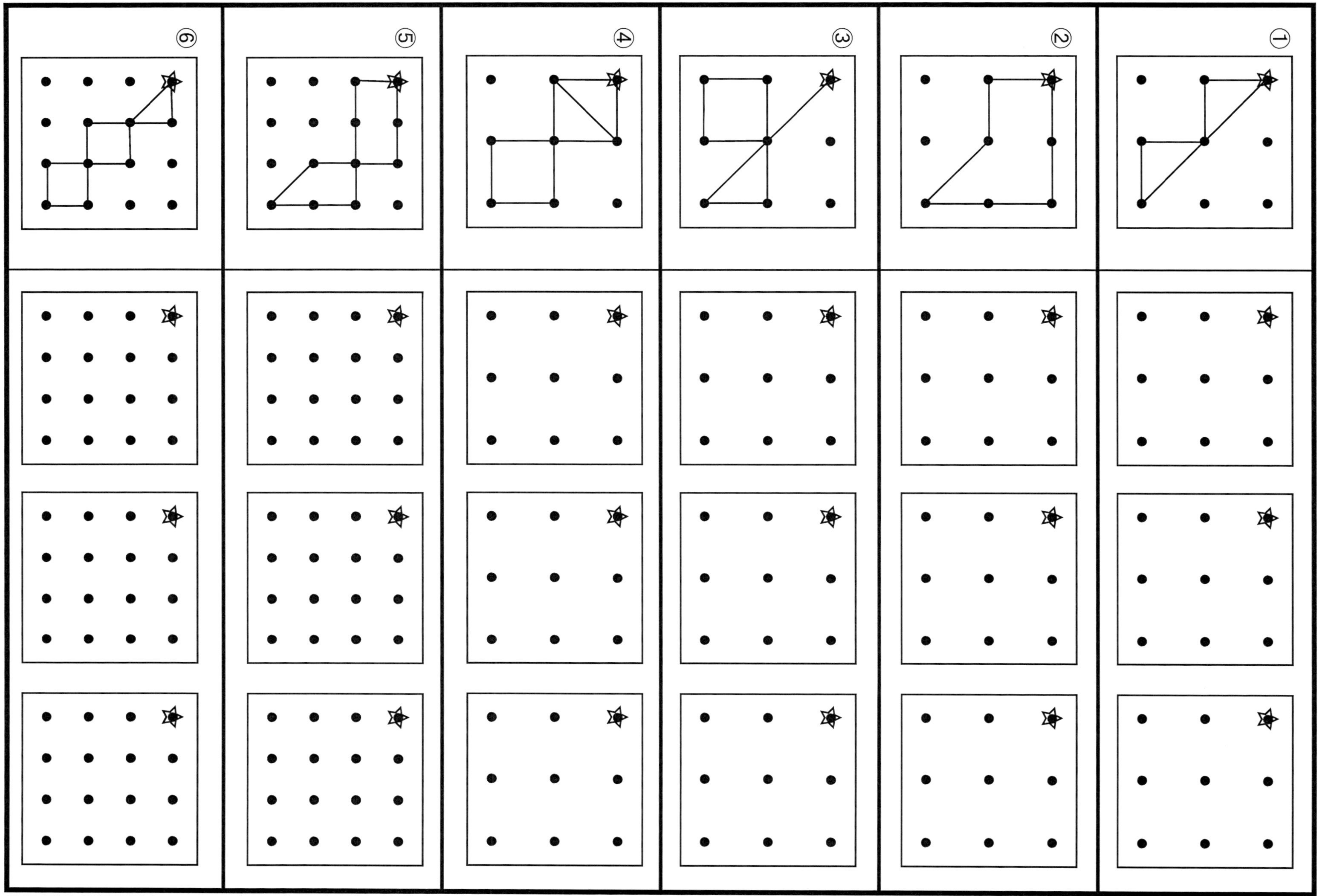

① ②

2022 年度 附属天王寺 ステップアップ 無断複製／転載を禁ずる

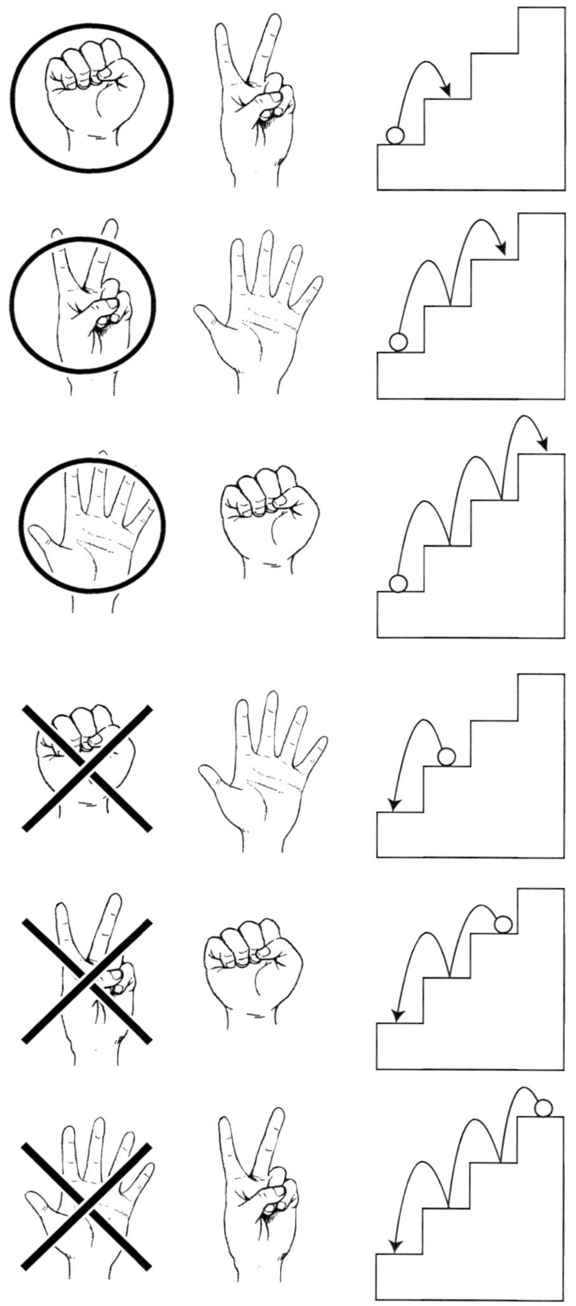

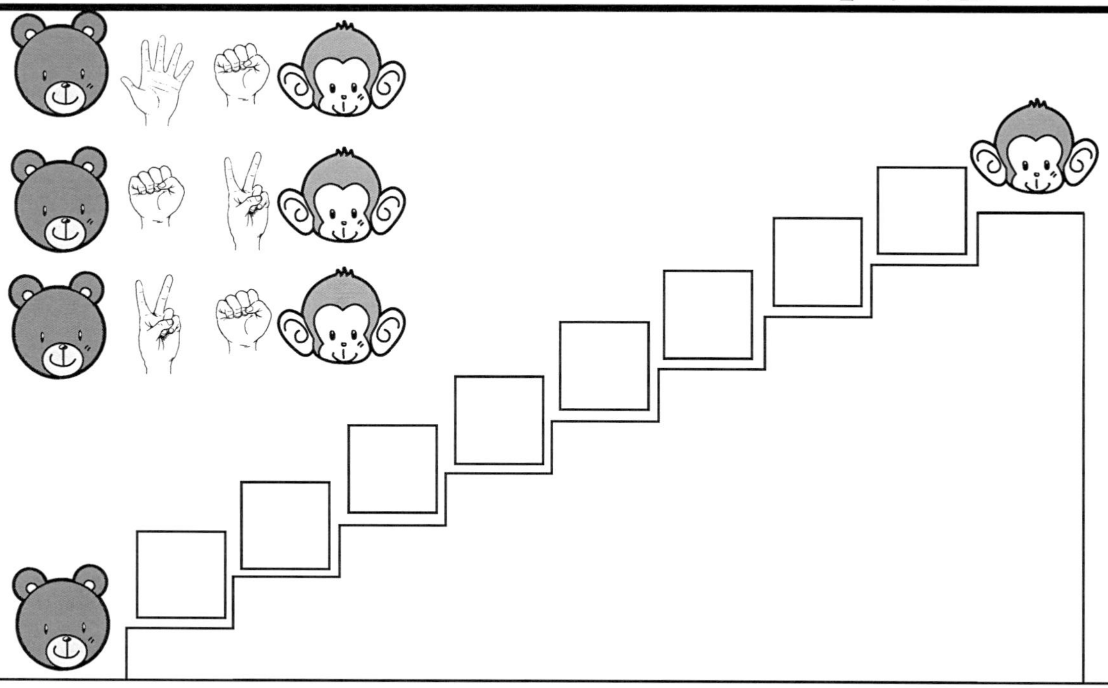

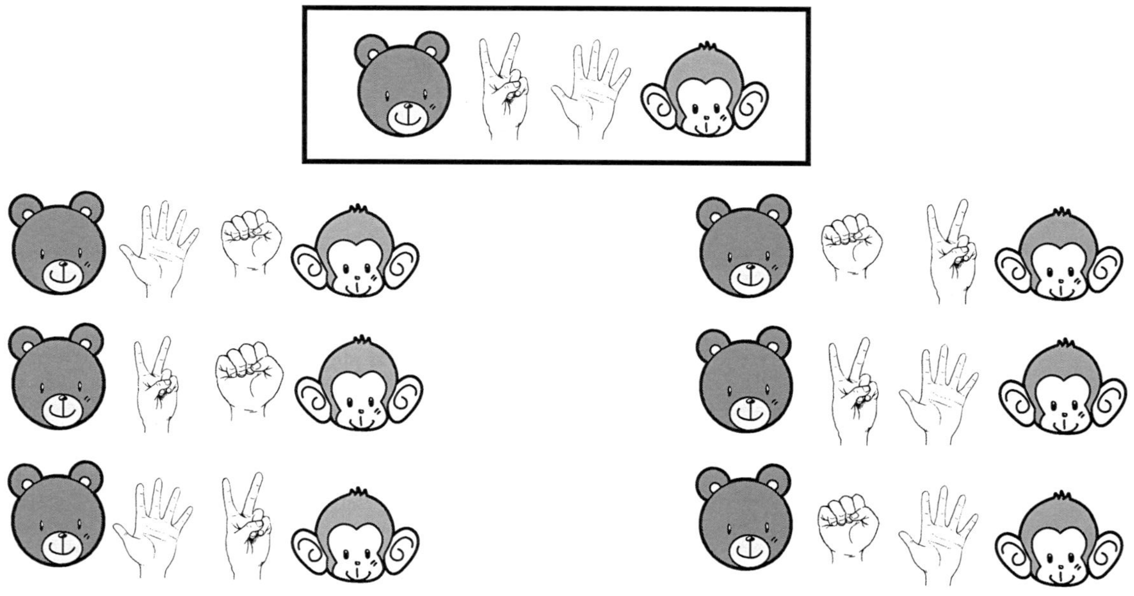

問題13－1

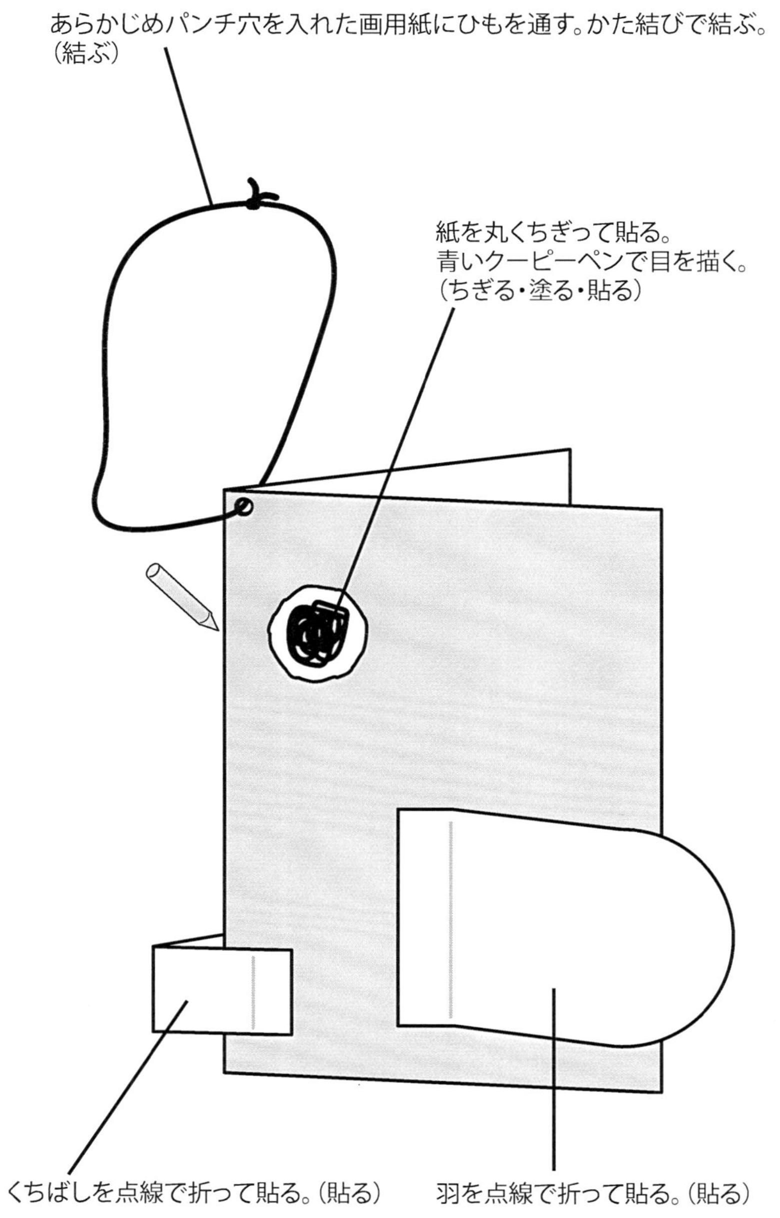
あらかじめパンチ穴を入れた画用紙にひもを通す。かた結びで結ぶ。
（結ぶ）
紙を丸くちぎって貼る。
青いクーピーペンで目を描く。
（ちぎる・塗る・貼る）
くちばしを点線で折って貼る。（貼る）
羽を点線で折って貼る。（貼る）

問題１３－２

見　本

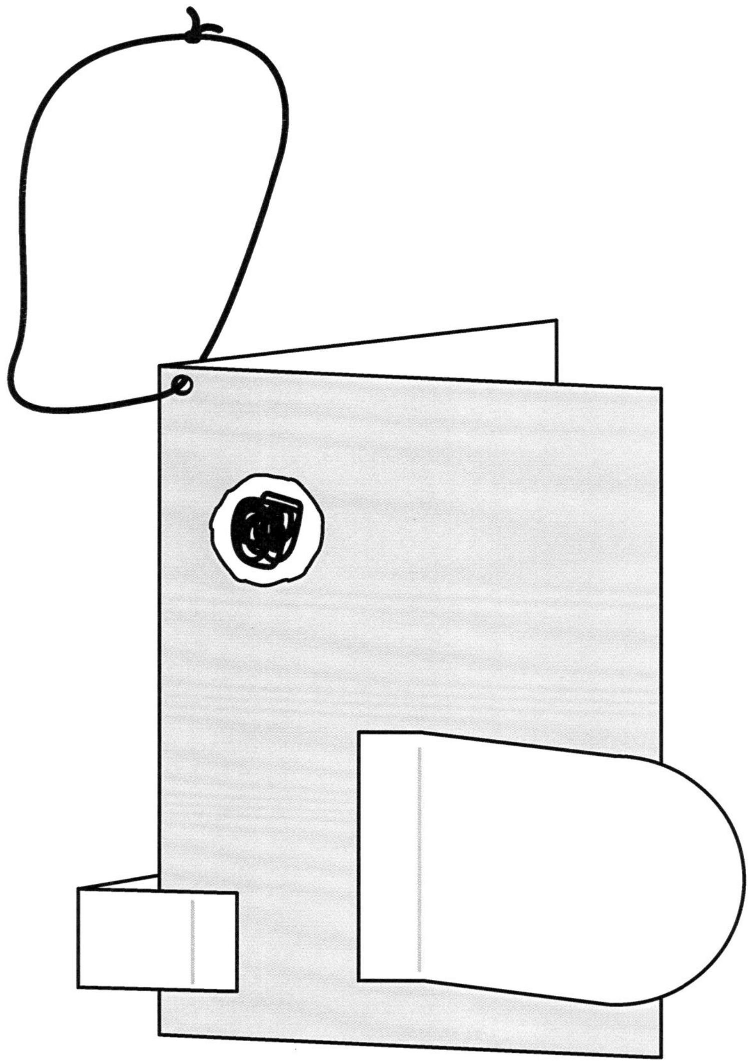

問題13−3

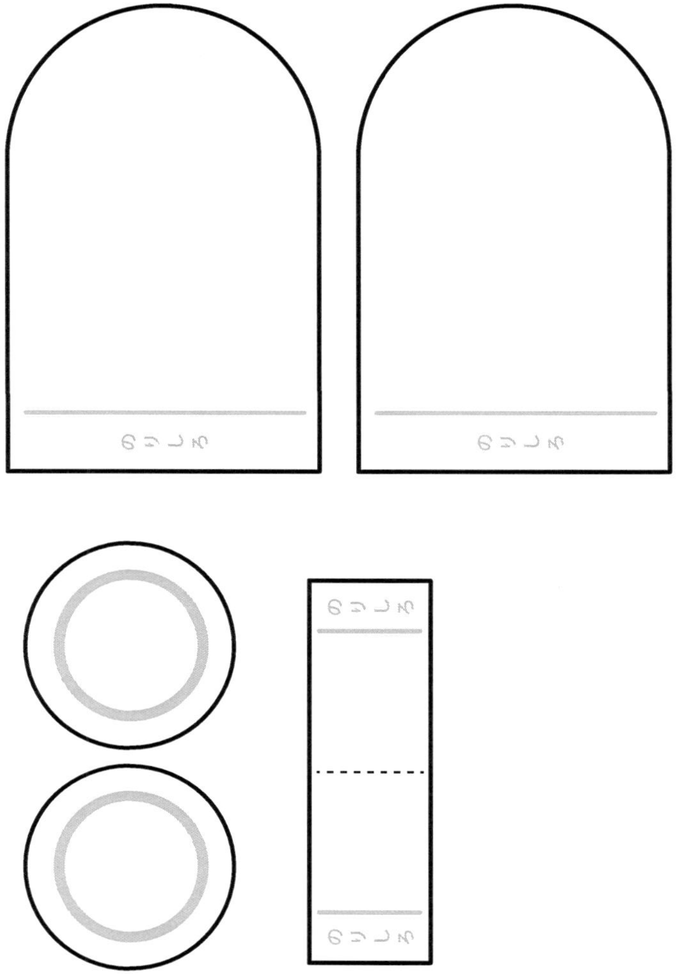

問題１４

①

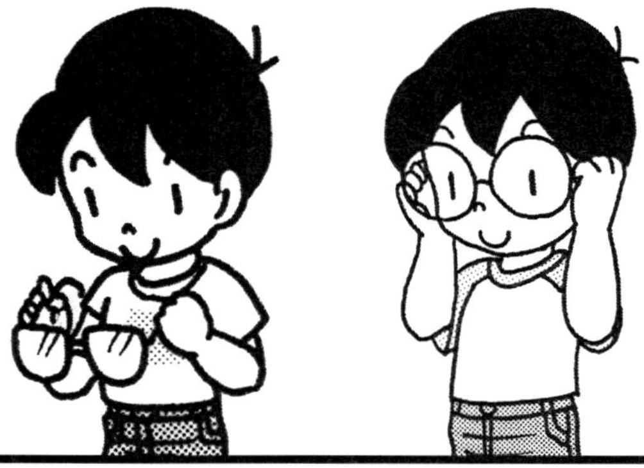

②

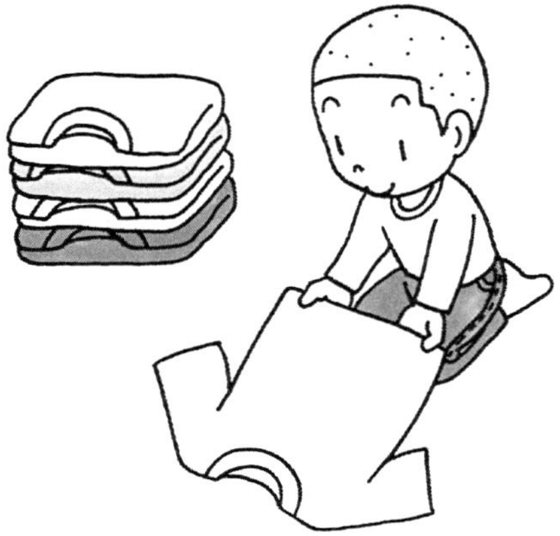

③

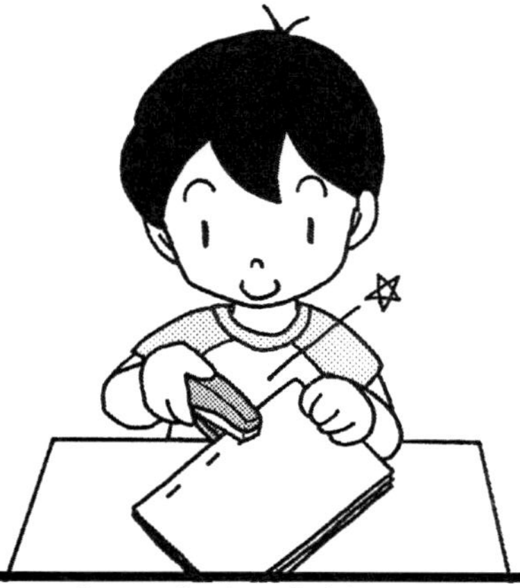

④

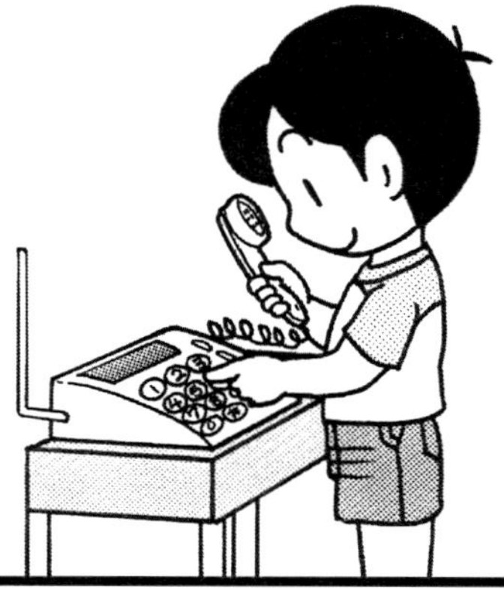

⑤

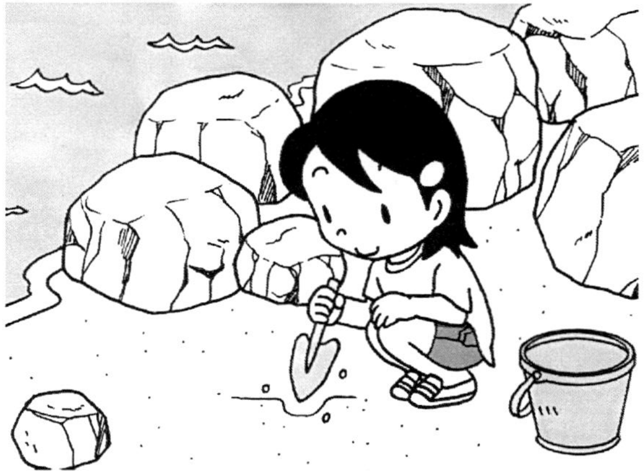

⑥

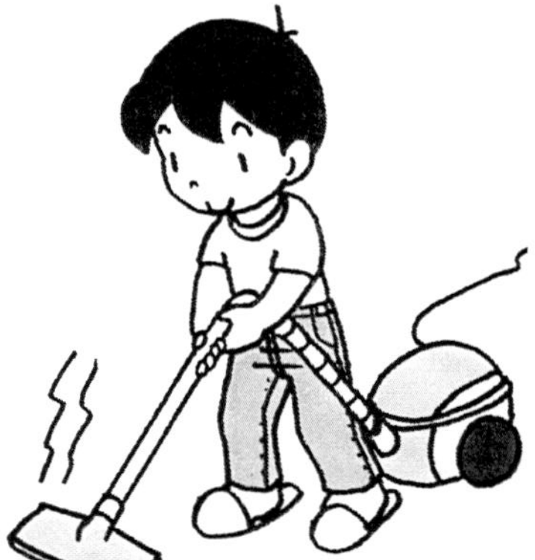

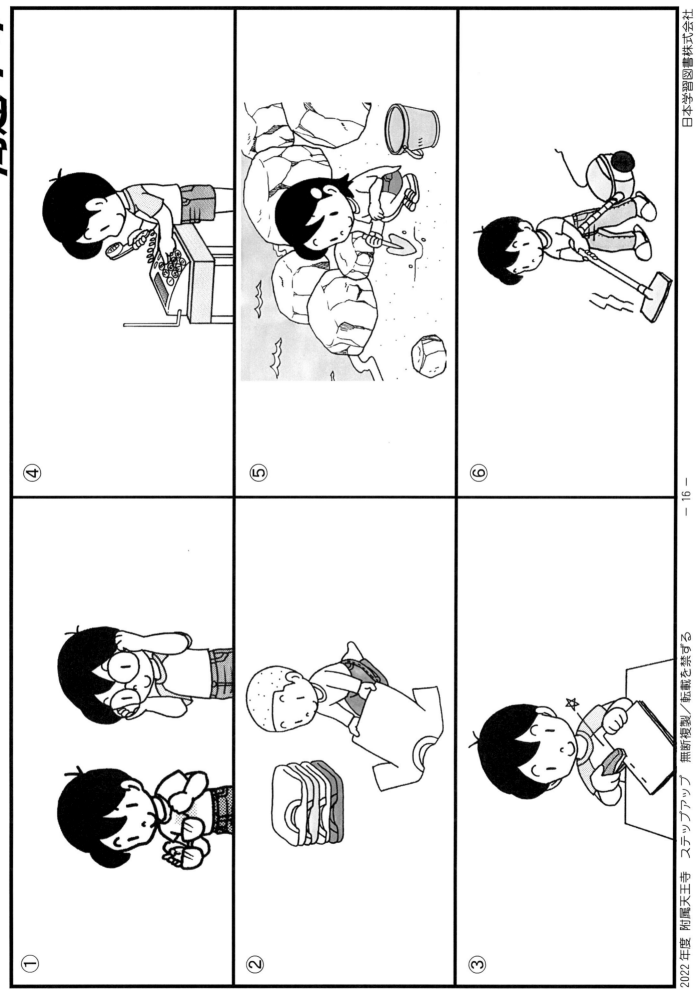

2022年度 附属天王寺 ステップアップ 無断複製／転載を禁ずる

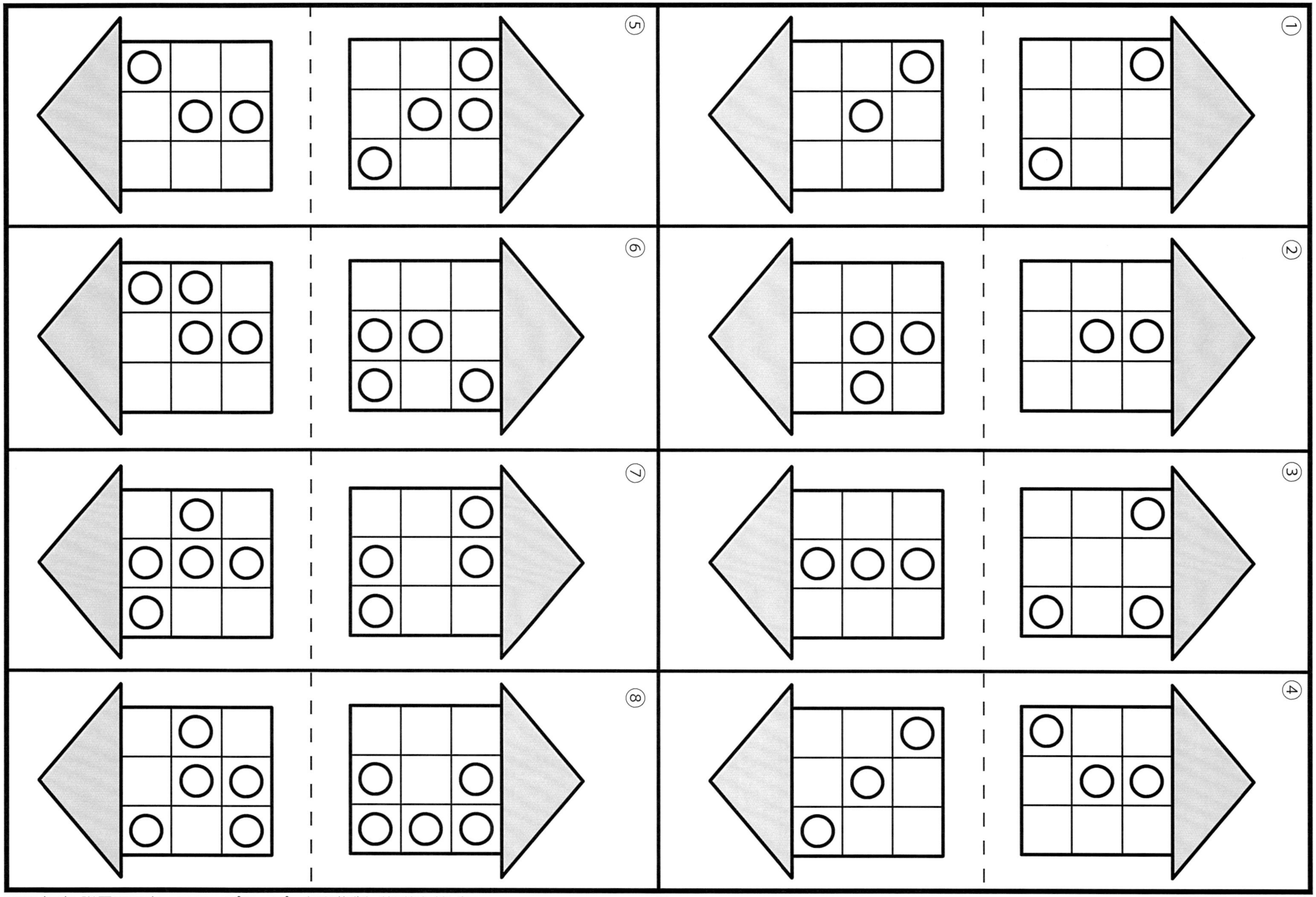

問題１５－２

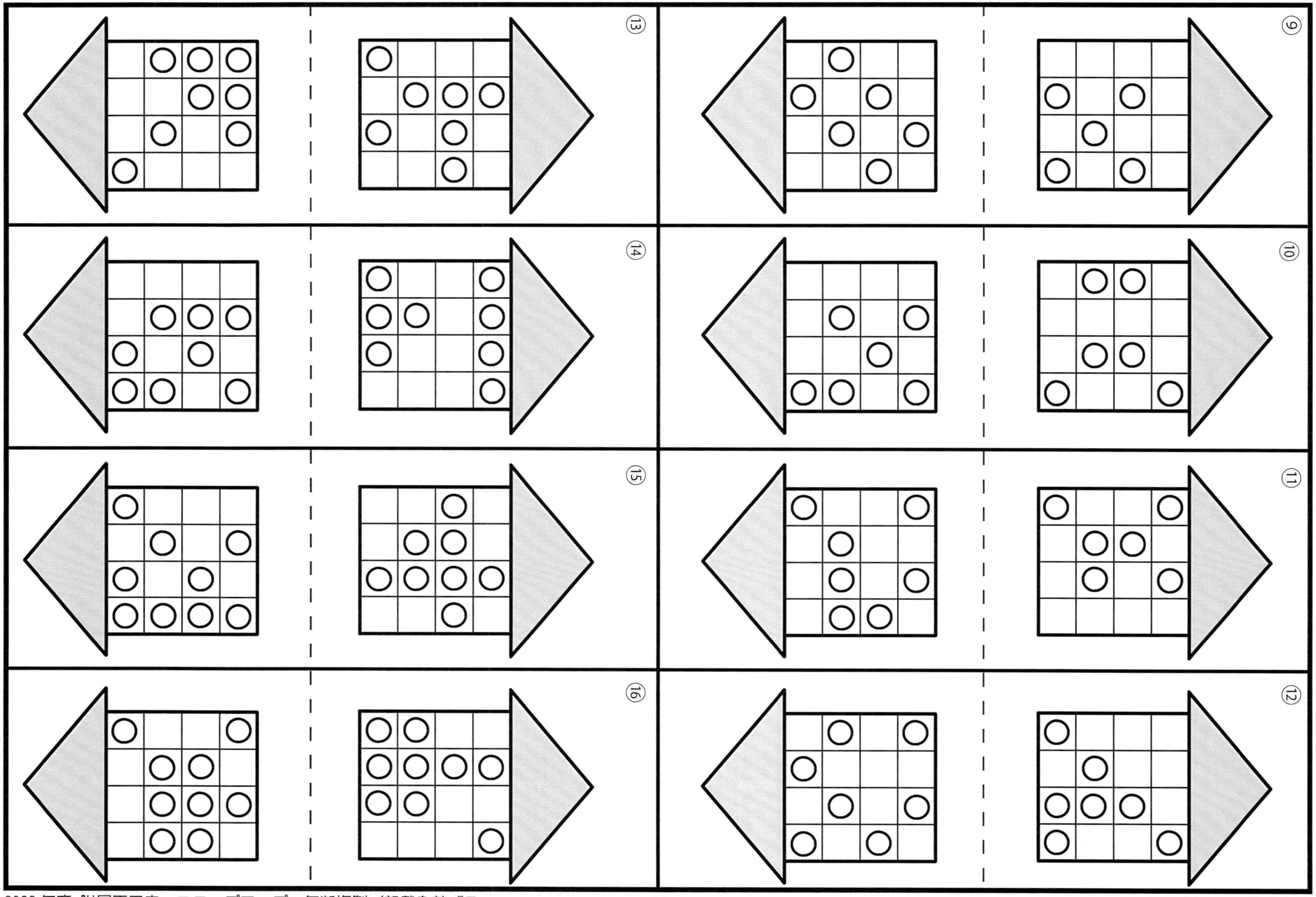

問題１６

☆	●	◎

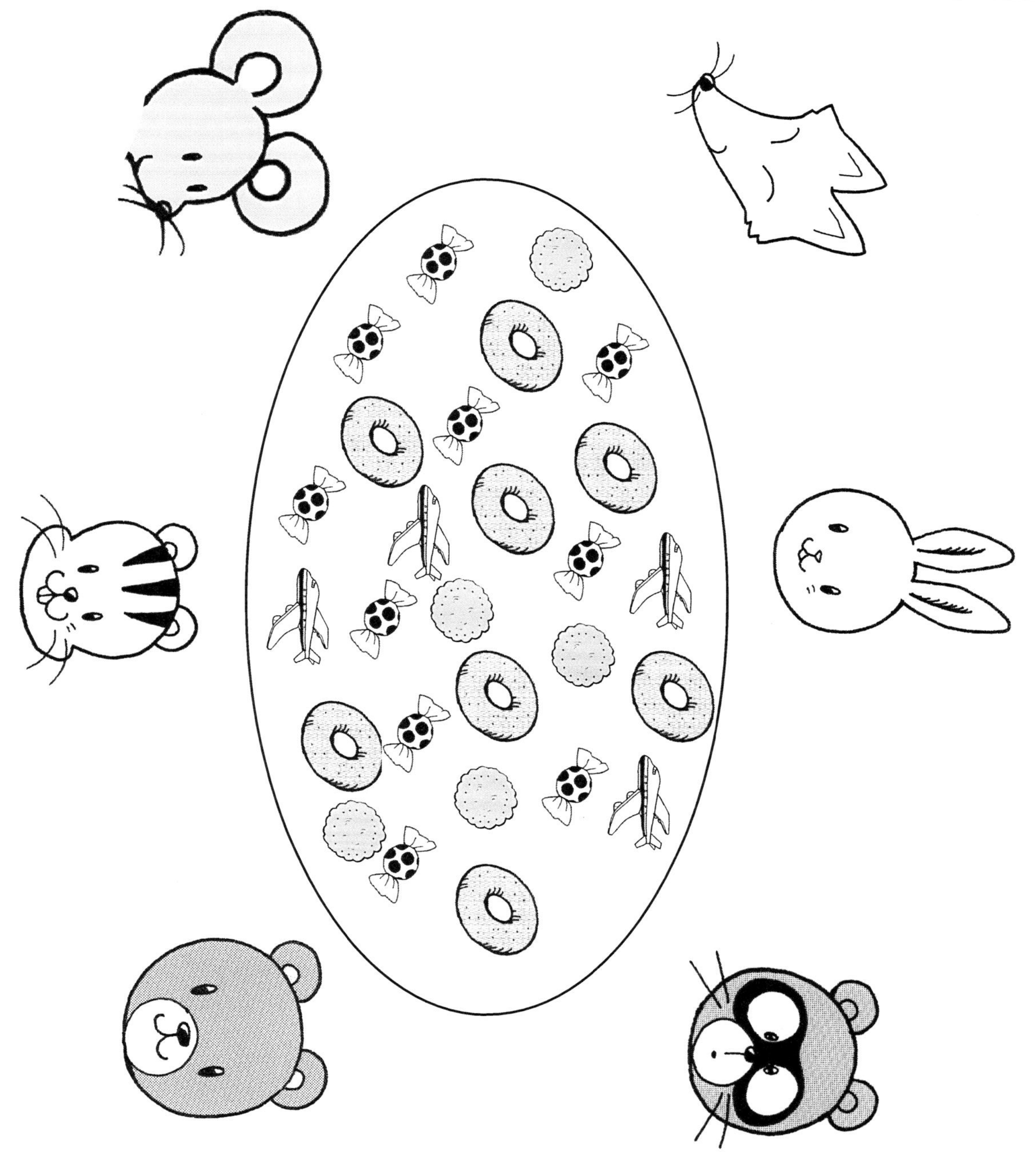

日本学習図書株式会社

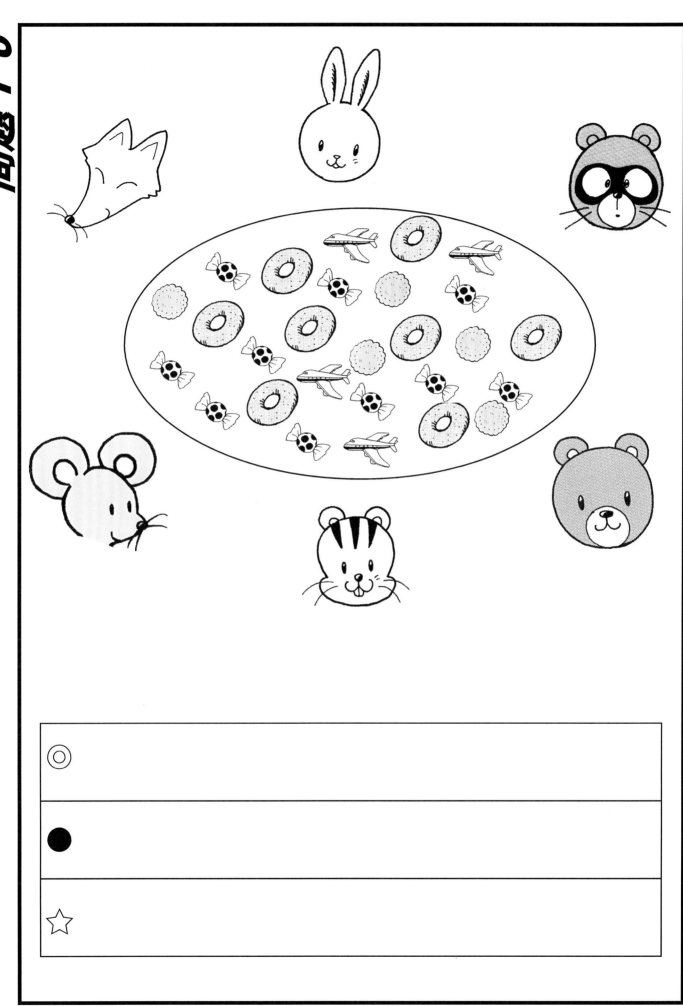

問題１７

①

②

③

④

⑤

問題18

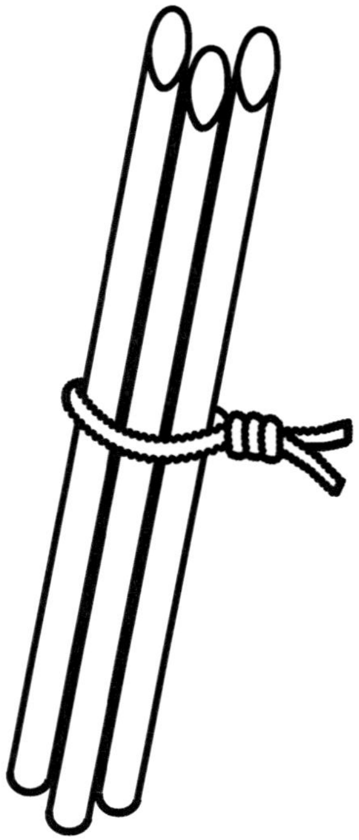

問題１９

①

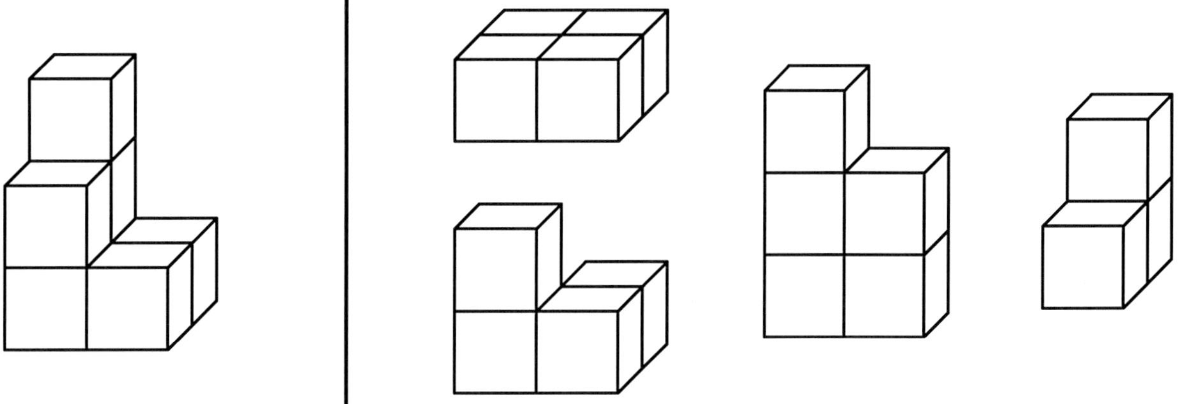

②

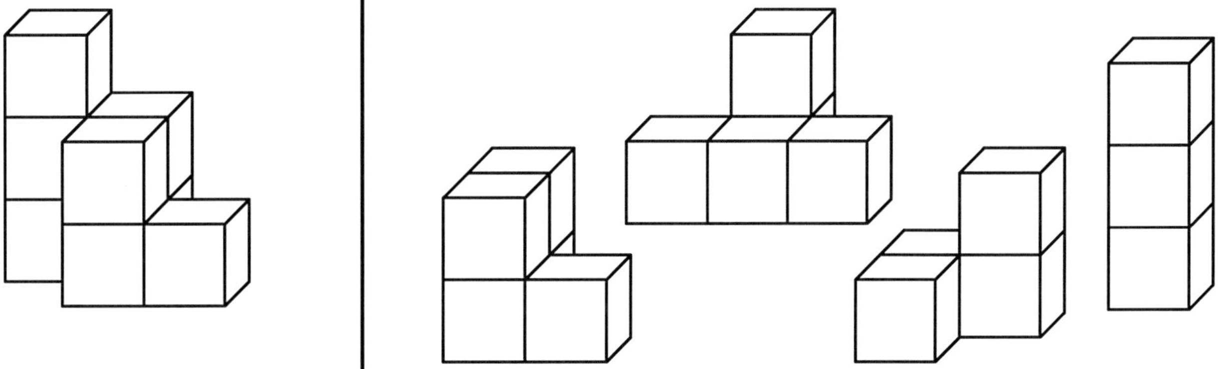

③

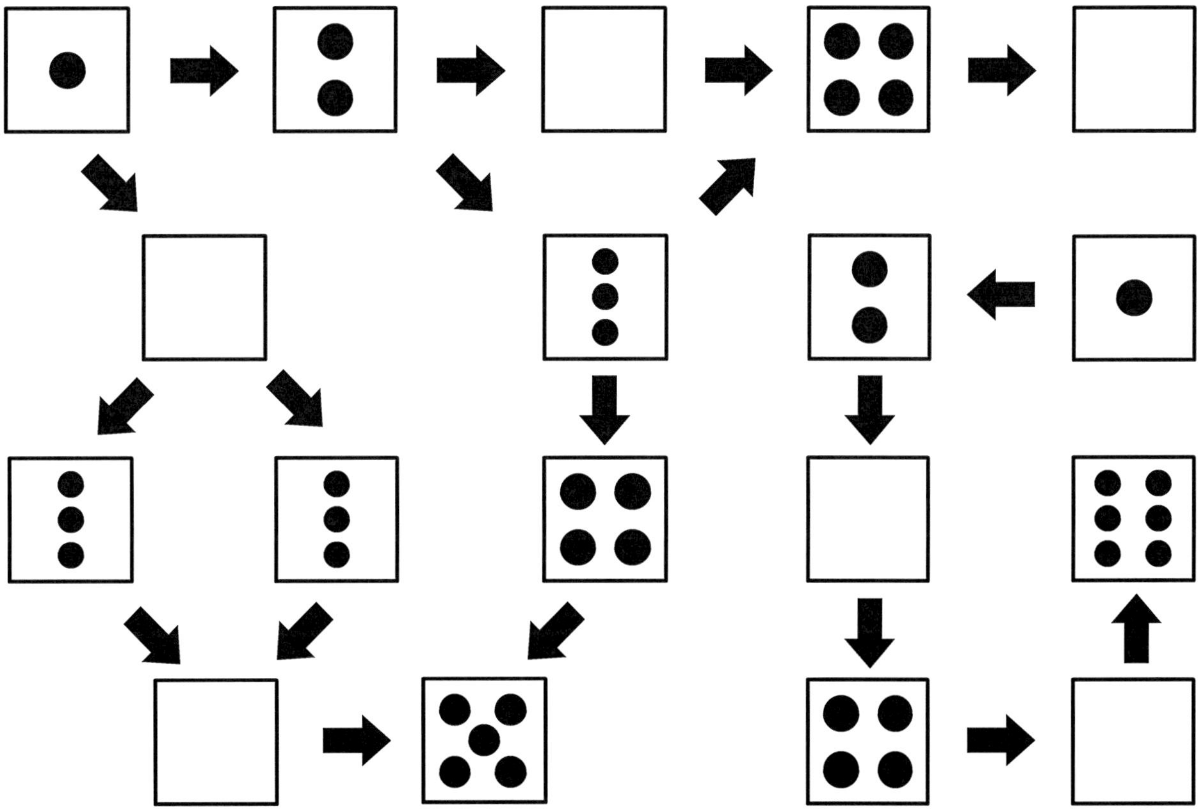

① ②

2022 年度 附属天王寺 ステップアップ 無断複製／転載を禁ずる 日本学習図書株式会社

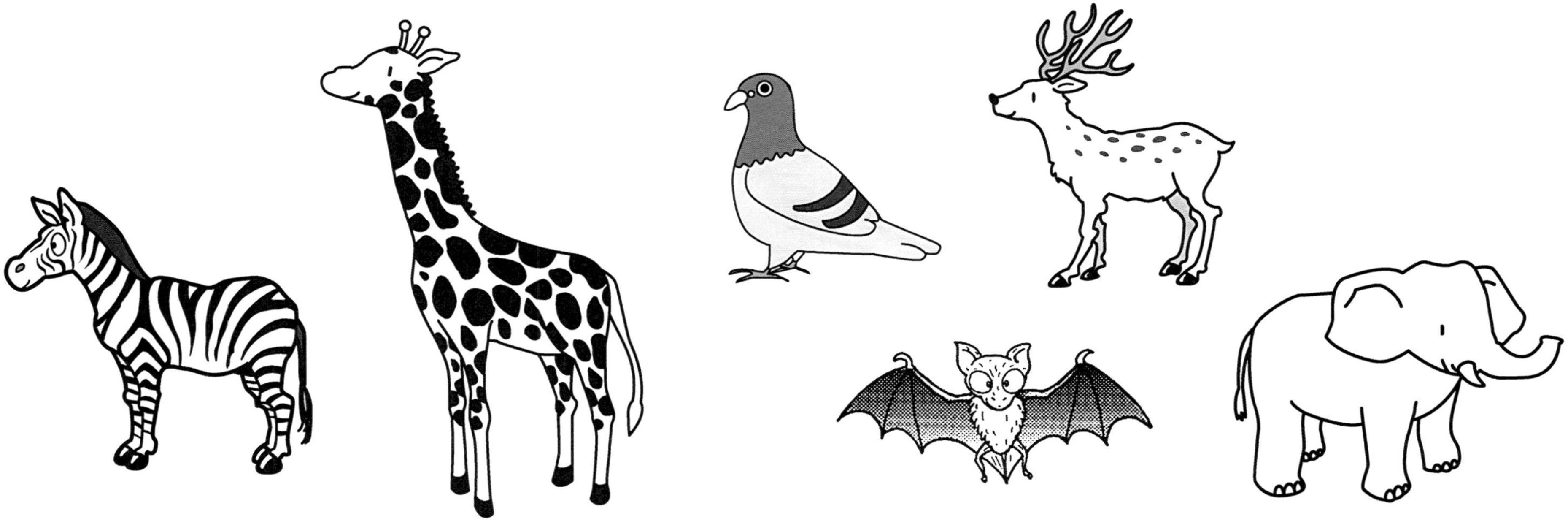

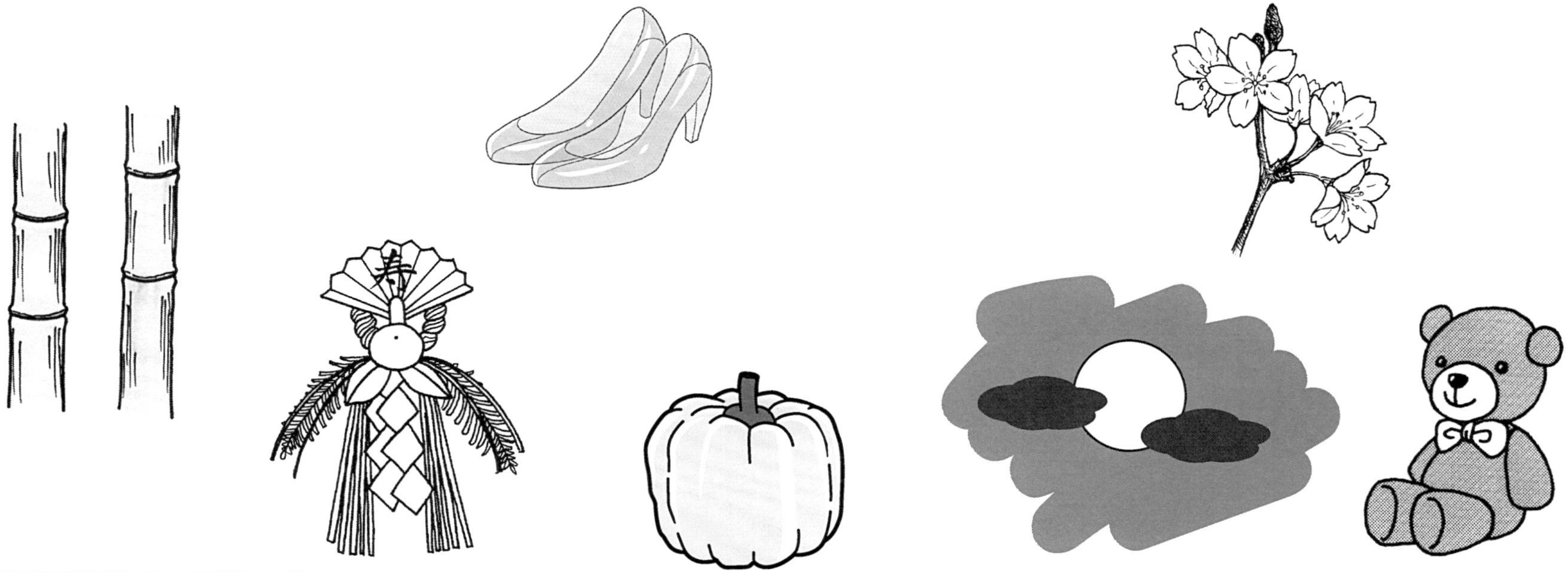

①

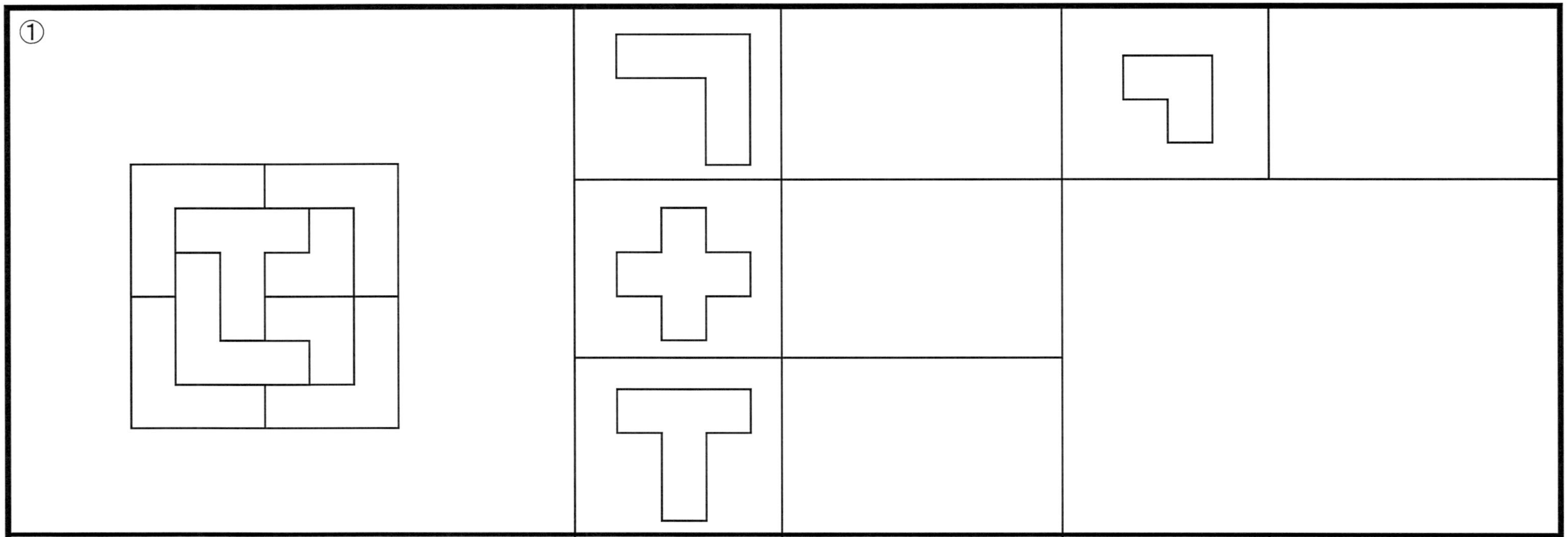

②

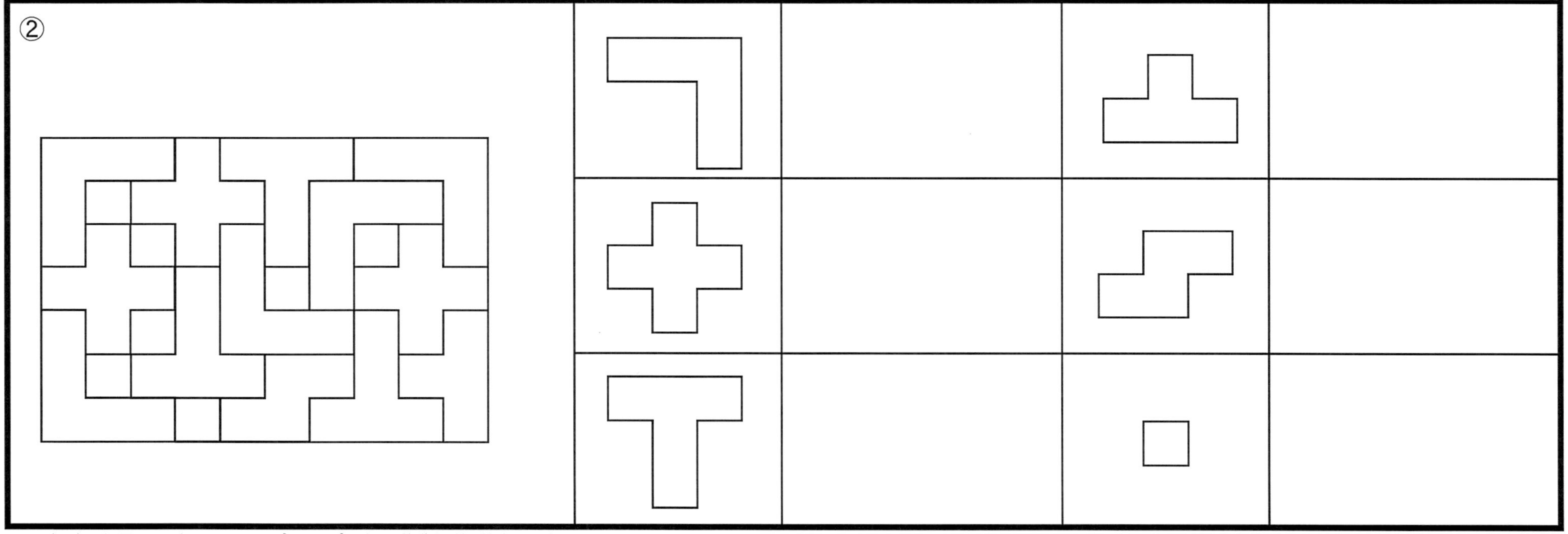

①

②

③

④

⑤

日本学習図書株式会社

2022年度 附属天王寺 ステップアップ 無断複製／転載を禁ずる

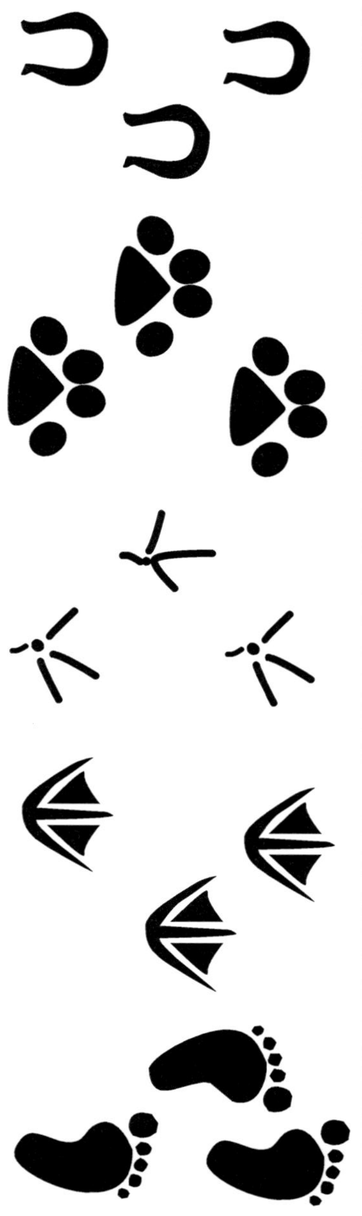

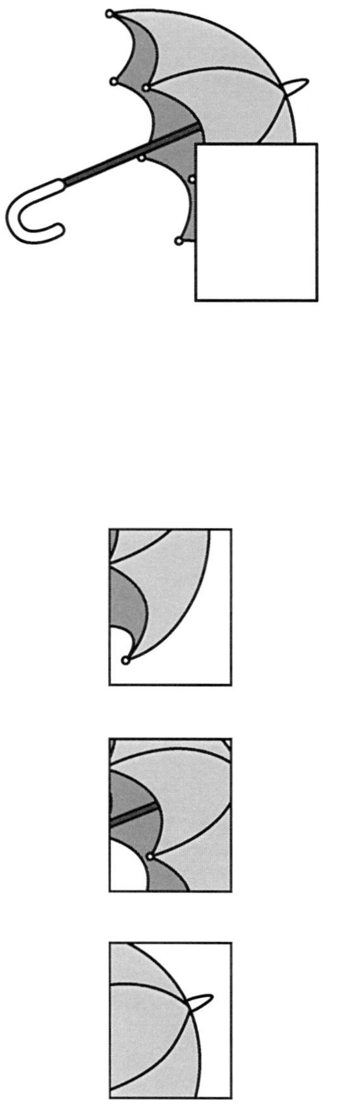

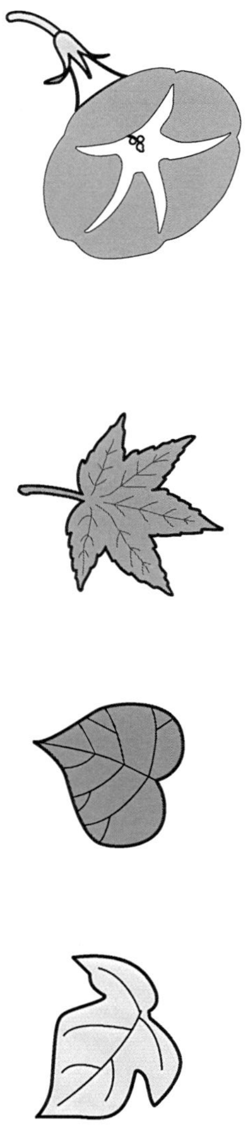

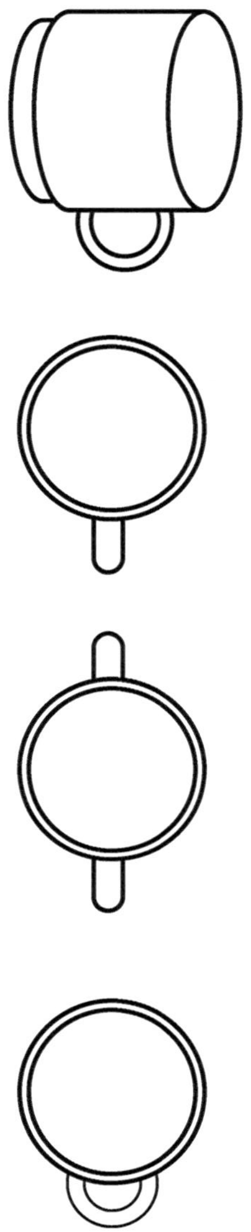

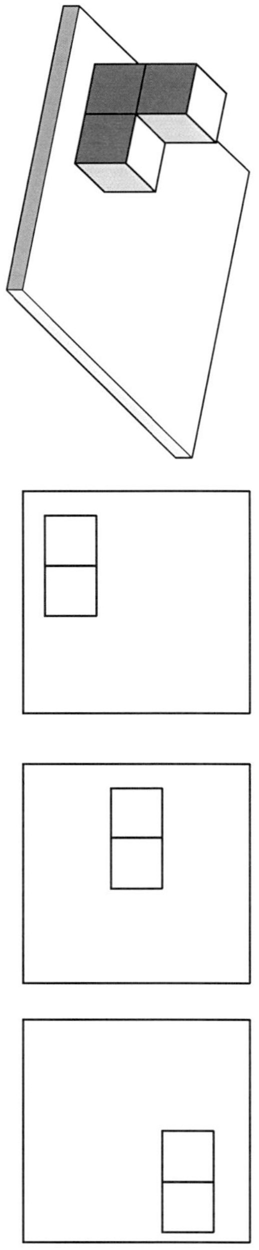

問題２３

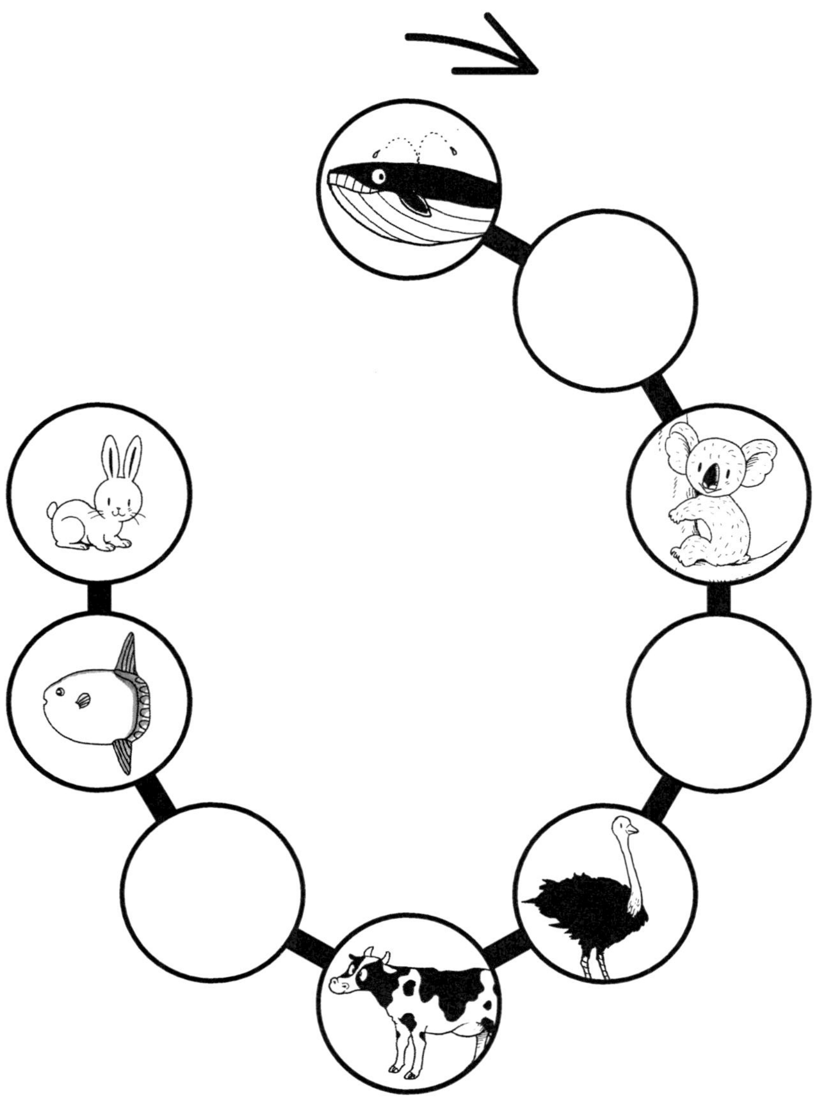

問題２４

①

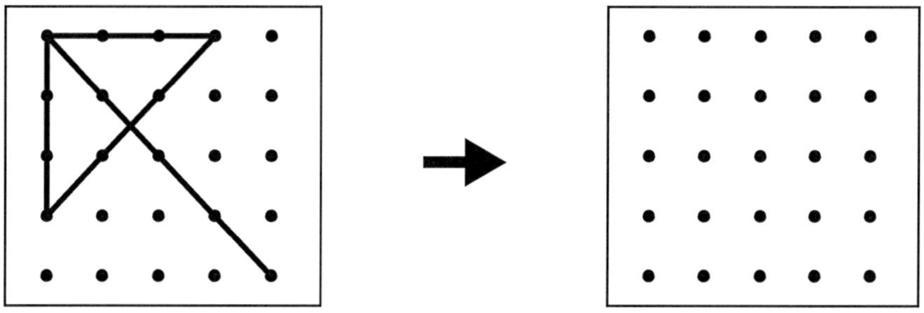

②

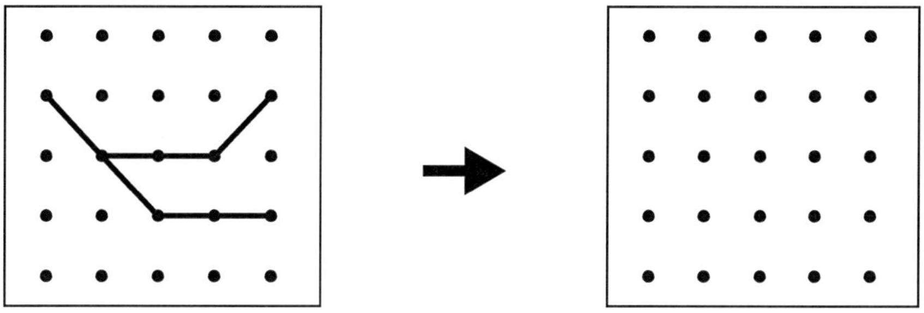

③

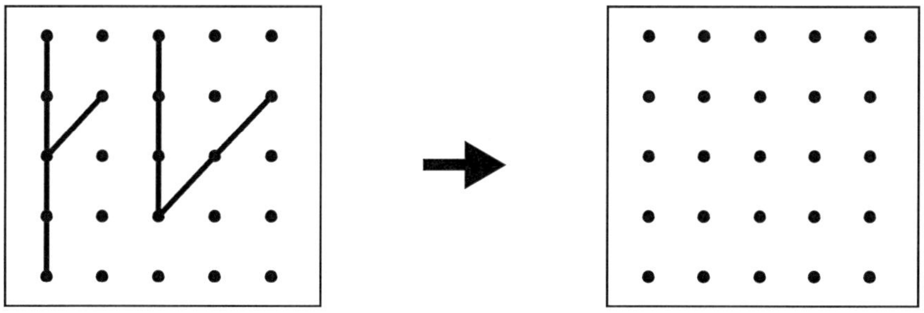

お手本

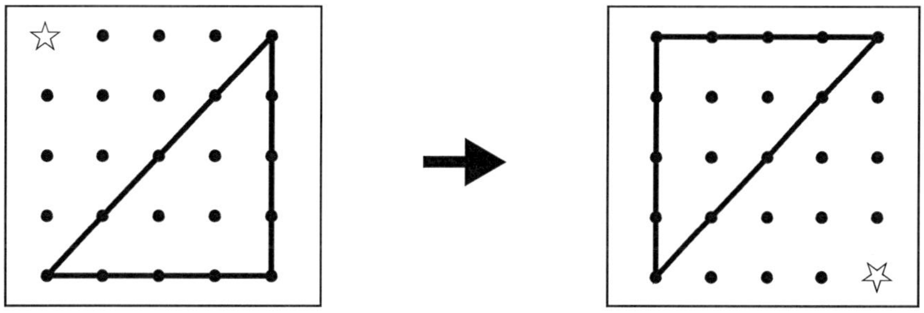

④

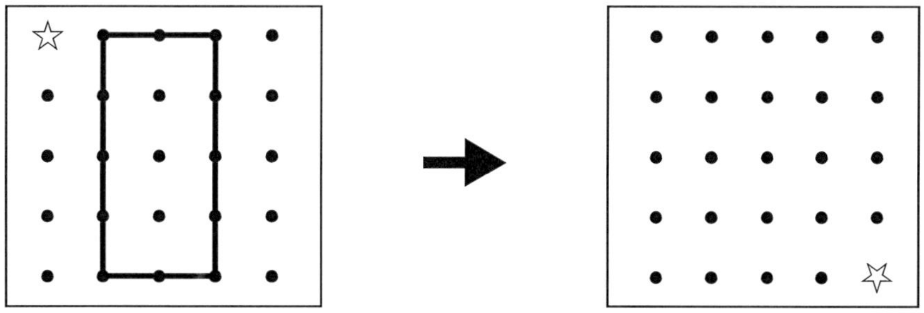

⑤

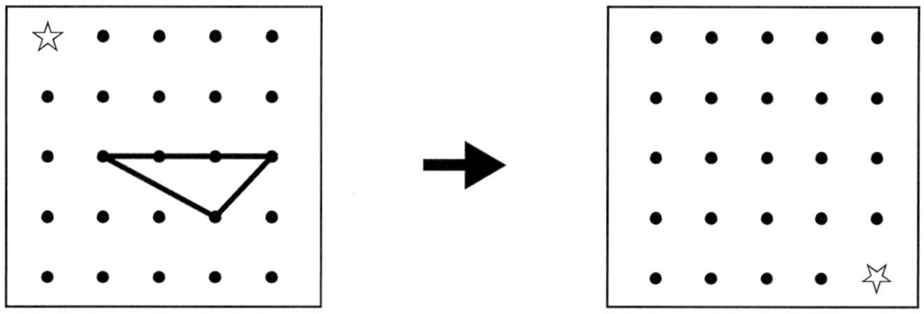

①

②

③

問題２６

①

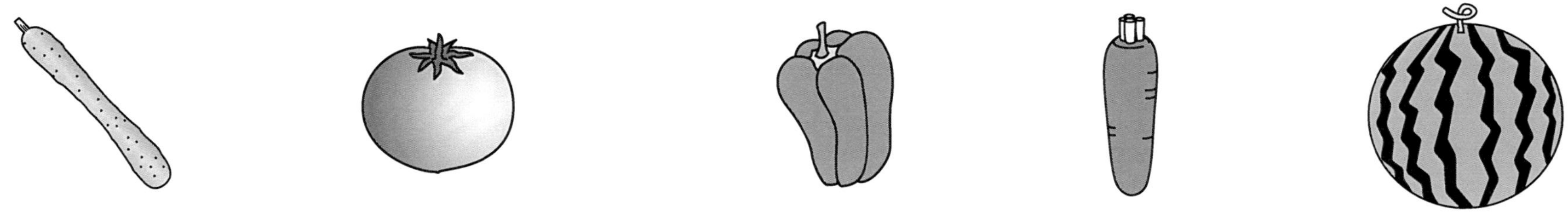

②

③

④

問題27－1

①

②

問題２７－２

①

②

問題３０

分野別 小学入試練習帳 ジュニアウォッチャー

1. 点・線図形	小学校入試で出題頻度の高い『点・線図形』の模写を、難易度の低いものから段階別に幅広く練習することができるように構成。
2. 座標	図形の位置模写という作業を、難易度の低いものから段階別に練習できるように構成。
3. パズル	様々なパズルの問題を難易度の低いものから段階別に練習できるように構成。
4. 同図形探し	小学校入試で出題頻度の高い、同図形選びの問題を繰り返し練習できるように構成。
5. 回転・展開	図形などを回転、または展開したとき、形がどのように変化するかを学習し、理解を深められるように構成。
6. 系列	数、図形などの様々な系列問題を、難易度の低いものから段階別に練習できるように構成。
7. 迷路	迷路の問題を繰り返し練習できるように構成。
8. 対称	対称に関する問題を４つのテーマに分類し、各テーマごとに問題を段階別に練習できるように構成。
9. 合成	図形の合成に関する問題を、難易度の低いものから段階別に練習できるように構成。
10. 四方からの観察	もの（立体）を様々な角度から見て、どのように見えるかを推理する問題を段階別に整理し、１つの形式で複数の問題を練習できるように構成。
11. いろいろな仲間	ものや動物、植物の共通点を見つけ、分類していく問題を中心に構成。
12. 日常生活	日常生活における様々な問題を６つのテーマに分類し、各テーマごとに一つの問題形式で複数の問題を練習できるように構成。
13. 時間の流れ	『時間』に着目し、様々なものごとは、時間が経過するとどのように変化するのかということを学習し、理解できるように構成。
14. 数える	様々なものを『数える』ことから、数の多少の判定やかけ算、わり算の基礎までを練習できるように構成。
15. 比較	比較に関する問題を５つのテーマ（数、高さ、長さ、量、重さ）に分類し、各テーマごとに問題を段階別に練習できるように構成。
16. 積み木	数える対象を積み木に限定した問題集。
17. 言葉の音遊び	言葉の音に関する問題を５つのテーマに分類し、各テーマごとに問題を段階別に練習できるように構成。
18. いろいろな言葉	表現力をより豊かにするいろいろな言葉として、擬態語や擬声語、同音異義語、反意語、数詞を取り上げた問題集。
19. お話の記憶	お話を聴いてその内容を記憶、理解し、設問に答える形式の問題集。
20. 見る記憶・聴く記憶	「見て憶える」「聴いて憶える」という『記憶』分野に特化した問題集。
21. お話作り	いくつかの絵を元にしてお話を作る練習をして、想像力を養うことができるように構成。
22. 想像画	描かれてある形や景色に好きな絵を描くことにより、想像力を養うことができるように構成。
23. 切る・貼る・塗る	小学校入試で出題頻度の高い、はさみやのりなどを用いた巧緻性の問題を繰り返し練習できるように構成。
24• 絵画	小学校入試で出題頻度の高い、お絵かきやぬり絵などクレヨンやクーピーペンを用いた巧緻性の問題を繰り返し練習できるように構成。
25. 生活巧緻性	小学校入試で出題頻度の高い日常生活の様々な場面における巧緻性の問題集。
26. 文字・数字	ひらがなの清音、濁音、拗音、拗長音、促音と１～20までの数字に焦点を絞り、練習できるように構成。
27. 理科	小学校入試で出題頻度が高くなりつつある理科の問題を集めた問題集。
28. 運動	出題頻度の高い運動問題を種目別に分けて構成。
29. 行動観察	項目ごとに問題提起をし、「このような時はどうか、あるいはどう対処するのか」の観点から問いかける形式の問題集。
30. 生活習慣	学校から家庭に提起された問題と思って、一問一問絵を見ながら話し合い、考える形式の問題集。
31. 推理思考	数、量、言語、常識（含理科、一般）など、諸々のジャンルから問題を構成し、近年の小学校入試問題傾向に沿って構成。
32. ブラックボックス	箱や筒の中を通ると、どのようなお約束でどのように変化するかを推理・思考する問題集。
33. シーソー	重さの違うものをシーソーに乗せた時どちらに傾くのか、またどうすればシーソーは釣り合うのかを思考する基礎的な問題集。
34. 季節	様々な行事や植物などを季節別に分類できるように知識をつける問題集。
35. 重ね図形	小学校入試で頻繁に出題されている「図形を重ね合わせてできる形」についての問題を集めました。
36. 同数発見	様々な物を数え「同じ数」を発見し、数の多少の判断や数の認識の基礎を学べるように構成した問題集。
37. 選んで数える	数の学習の基本となる、いろいろなものの数を正しく数える学習を行う問題集。
38. たし算・ひき算1	数字を使わず、たし算とひき算の基礎を身につけるための問題集。
39. たし算・ひき算2	数字を使わず、たし算とひき算の基礎を身につけるための問題集。
40. 数を分ける	数を等しく分ける問題です。等しく分けたときに余りが出るものもあります。
41. 数の構成	ある数がどのような数で構成されているか学んでいきます。
42. 一対多の対応	一対一の対応から、一対多の対応まで、かけ算の考え方の基礎学習を行います。
43. 数のやりとり	あげたり、もらったり、数の変化をしっかりと学びます。
44. 見えない数	指定された条件から数を導き出します。
45. 図形分割	図形の分割に関する問題集。パズルや合成の分野にも通じる様々な問題を集めました。
46. 回転図形	「回転図形」に関する問題集。やさしい問題から始め、いくつかの代表的なパターンから、段階を踏んで学習できるよう編集されています。
47. 座標の移動	「マス目の指示通りに移動する問題」と「指示された数だけ移動する問題」を収録。
48. 鏡図形	鏡で左右反転させた時の見え方を考えます。平面図形から立体図形、文字、絵まで。
49. しりとり	すべての学習の基礎となる「言葉」を学ぶこと、特に「語彙」を増やすことに重点をおき、さまざまなタイプの「しりとり」問題を集めました。
50. 観覧車	観覧車やメリーゴーラウンドなどを舞台にした「回転系列」の問題集。「推理思考」分野の問題ですが、要素として「図形」や「数量」も含みます。
51. 運筆①	鉛筆の持ち方を学び、点線なぞり、お手本を見ながらの模写で、線を引く練習をします。
52. 運筆②	運筆①からさらに発展し、「欠所補完」や「迷路」などを楽しみながら、より複雑な鉛筆運びを習得することを目指します。
53. 四方からの観察 積み木編	積み木を使用した「四方からの観察」に関する問題を練習できるように構成。
54. 図形の構成	見本の図形がどのような部分によって形づくられているかを考えます。
55. 理科②	理科的知識に関する問題を集中して練習する「常識」分野の問題集。
56. マナーとルール	道路や駅、公共の場でのマナー、安全や衛生に関する常識を学べるように構成。
57. 置き換え	さまざまな具体的・抽象的事象を記号で表す「置き換え」の問題を扱います。
58. 比較②	長さ・高さ・体積・数などを数学的な知識を使わず、論理的に推測する「比較」の問題を練習できるように構成。
59. 欠所補完	線と線のつながり、欠けた絵に当てはまるものなどを求める「欠所補完」に取り組める問題集です。
60. 言葉の音（おん）	しりとり、決まった順番の音をつなげるなど、「言葉の音」に関する問題に取り組める練習問題集です。

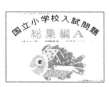

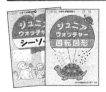

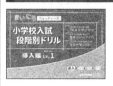

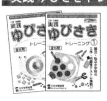

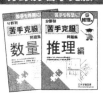

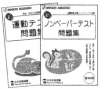

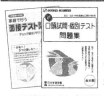

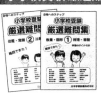

図書カード 1000 円分プレゼント

ご記入日　　年　月　日

☆国・私立小学校受験アンケート☆

※可能な範囲でご記入下さい。選択肢は○で囲んで下さい。

〈小学校名〉＿＿＿＿＿＿＿＿　〈お子さまの性別〉男・女　〈誕生月〉＿＿月

〈その他の受験校〉（複数回答可）＿＿＿＿＿＿＿＿＿＿

〈受験日〉①：＿月＿日〈時間〉＿時＿分　～　＿時＿分

②：＿月＿日〈時間〉＿時＿分　～　＿時＿分

〈受験者数〉男女計＿名（男子＿名　女子＿名）

〈お子さまの服装〉＿＿＿＿＿＿＿＿

〈入試全体の流れ〉（記入例）準備体操→行動観察→ペーパーテスト

＿＿＿＿＿＿＿＿＿＿

Eメールによる情報提供

日本学習図書では、Eメールでも入試情報を募集しております。

下記のアドレスに、アンケートの内容をご入力の上、メールをお送り下さい。

ojuken@nichigaku.jp

●行動観察

（例）好きなおもちゃで遊ぶ・グループで協力するゲームなど

〈実施日〉＿月＿日〈時間〉＿時＿分　～　＿時＿分〈着替え〉□有　□無

〈出題方法〉□肉声　□録音　□その他（　　　　）〈お手本〉□有　□無

〈試験形態〉□個別　□集団（　　人程度）　〈会場図〉

〈内容〉

□自由遊び

＿＿＿＿＿＿＿＿

□グループ活動

＿＿＿＿＿＿＿＿

□その他

＿＿＿＿＿＿＿＿

●運動テスト（有・無）

（例）跳び箱・チームでの競争など

〈実施日〉＿月＿日〈時間〉＿時＿分　～　＿時＿分〈着替え〉□有　□無

〈出題方法〉□肉声　□録音　□その他（　　　　）〈お手本〉□有　□無

〈試験形態〉□個別　□集団（　　人程度）　〈会場図〉

〈内容〉

□サーキット運動

□走り　□跳び箱　□平均台　□ゴム跳び

□マット運動　□ボール運動　□なわ跳び

□クマ歩き

□グループ活動＿＿＿＿＿＿＿＿

□その他＿＿＿＿＿＿＿＿

●知能テスト・口頭試問

〈実施日〉 ＿＿月＿＿日 〈時間〉 ＿＿時＿＿分 ～ ＿＿時＿＿分 〈お手本〉□有 □無

〈出題方法〉 □肉声 □録音 □その他（　　　　　） 〈問題数〉 ＿＿枚 ＿＿問

分野	方法	内容	詳細・イラスト
(例) お話の記憶	☑筆記 □口頭	動物たちが待ち合わせをする話	(あらすじ) 動物たちが待ち合わせをした。最初にウサギさんが来た。次にイヌくんが、その次にネコさんが来た。最後にタヌキくんが来た。 (問題・イラスト) ３番目に来た動物は誰か 
お話の記憶	□筆記 □口頭		(あらすじ) (問題・イラスト)
図形	□筆記 □口頭		
言語	□筆記 □口頭		
常識	□筆記 □口頭		
数量	□筆記 □口頭		
推理	□筆記 □口頭		
その他	□筆記 □口頭		

●制作　（例）ぬり絵・お絵かき・工作遊びなど

〈実施日〉＿＿月＿＿日　〈時間〉＿＿時＿＿分＿＿～＿＿時＿＿分

〈出題方法〉　□肉声　□録音　□その他（　　　　　　）〈お手本〉□有　□無

〈試験形態〉　□個別　□集団（　　　　人程度）

材料・道具	制作内容
□ハサミ □のり（□つぼ　□液体　□スティック） □セロハンテープ □鉛筆　□クレヨン（　色） □クーピーペン（　色） □サインペン（　色）□ □画用紙（□ A4　□ B4　□ A3 □その他：　　　　　　） □折り紙　□新聞紙　□粘土 □その他（　　　　　　）	□切る　□貼る　□塗る　□ちぎる　□結ぶ　□描く　□その他（　　　　　　） タイトル：＿＿＿＿＿＿＿＿＿＿＿＿

●面接

〈実施日〉＿＿月＿＿日　〈時間〉＿＿時＿＿分＿＿～＿＿時＿＿分〈面接担当者〉＿＿＿名

〈試験形態〉□志願者のみ（　　）名　□保護者のみ　□親子同時　□親子別々

〈質問内容〉

※試験会場の様子をご記入下さい。

□志望動機　□お子さまの様子

□家庭の教育方針

□志望校についての知識・理解

□その他（　　　　　　　　　　　　）

（　詳　細　）

・

・

・

・

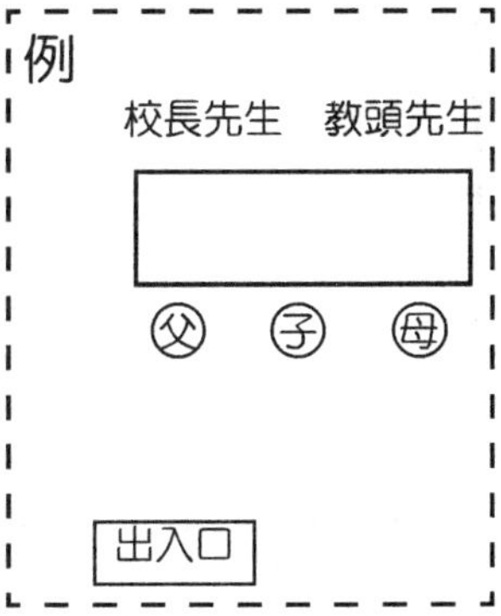

●保護者作文・アンケートの提出（有・無）

〈提出日〉　□面接直前　□出願時　□志願者考査中　□その他（　　　　　　　　　）

〈下書き〉　□有　□無

〈アンケート内容〉

（記入例）当校を志望した理由はなんですか（150 字）

●説明会（□有　□無）〈開催日〉　　月　　日〈時間〉　　時　　分　～　　時　　分

〈上履き〉　□要　□不要　〈願書配布〉　□有　□無　〈校舎見学〉　□有　□無

〈ご感想〉

●参加された学校行事（複数回答可）

公開授業〈開催日〉　　月　　日〈時間〉　　時　　分　～　　時　　分

運動会など〈開催日〉　　月　　日〈時間〉　　時　　分　～　　時　　分

学習発表会・音楽会など〈開催日〉　　月　　日〈時間〉　　時　　分　～　　時　　分

〈ご感想〉

※是非参加したほうがよいと感じた行事について

●受験を終えてのご感想、今後受験される方へのアドバイス

※対策学習（重点的に学習しておいた方がよい分野）、当日準備しておいたほうがよい物など

＊＊＊＊＊＊＊＊＊＊＊＊　ご記入ありがとうございました　＊＊＊＊＊＊＊＊＊＊＊＊

必要事項をご記入の上、ポストにご投函ください。

なお、本アンケートの送付期限は入試終了後３ヶ月とさせていただきます。また、入試に関する情報の記入量が当社の基準に満たない場合、謝礼の送付ができないことがございます。あらかじめご了承ください。

ご住所：〒

お名前：　　　　メール：

ＴＥＬ：　　　　ＦＡＸ：

アンケートのご記入
ありがとうございました

家庭学習をトータルサポート！ ニチガクのオリジナル 効果的 学習法

1 まずは アドバイスページを読む！

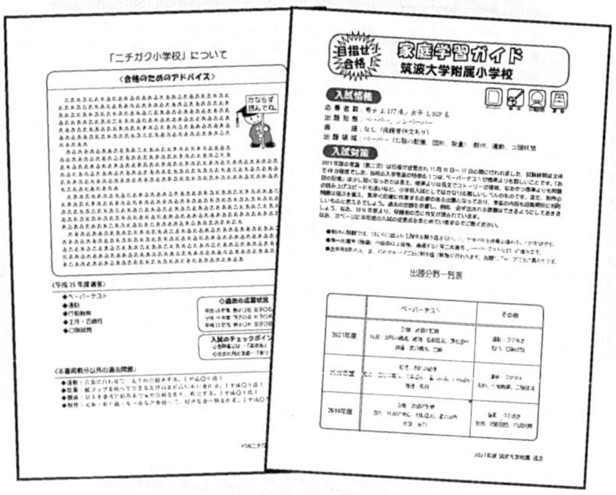

対策や試験ポイントがぎっしりつまった「家庭学習ガイド」。分野アイコンで、試験の傾向をおさえよう！

過去問のこだわり

ピンク色です

最新問題は問題ページ、イラストページ、解答・解説ページが独立しており、お子さまにすぐに取り掛かっていただける作りになっています。
ニチガクの学校別問題集ならではの、学習法を含めたアドバイスを利用して効率のよい家庭学習を進めてください。

2 問題をすべて読み、出題傾向を把握する

3 「学習のポイント」で学校側の観点や問題の解説を熟読

4 はじめて過去問題にチャレンジ！

5 プラスα 対策問題集や類題で力を付ける

各問題のジャンル

問題7 分野：図形（図形の構成） Aグループ男子

〈解答〉 下図参照

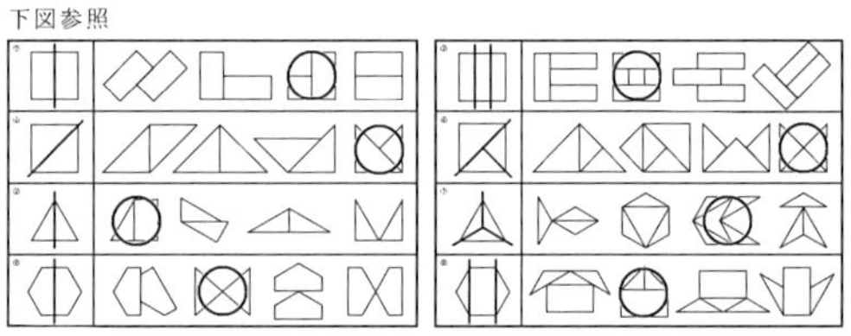

図形の構成の問題です。解答時間が圧倒的に短いので、直感的に答えないと全問答えることはできないでしょう。例年ほど難しい問題ではないので、ある程度準備をしたお子さまなら可能のはずです。注意すべきなのはケアレスミスで、「できないものはどれですか」と聞かれているのに、できるものに○をしたりしてはおしまいです。こういった問題では基礎とも言える問題なので、もしわからなかった場合は基礎問題を分野別の問題集などでおさらいしておきましょう。

【おすすめ問題集】
★筑波大附属小学校図形攻略問題集①②★（書店では販売しておりません）
Jr・ウォッチャー9「合成」、54「図形の構成」

学習のポイント

各問題の解説や学校の観点、指導のポイントなどを教えます。
今日から保護者の方が家庭学習の先生に！

おすすめ対策問題集

分野ごとに対策問題集をご紹介。苦手分野の克服に最適です！
＊専用注文書付き。

2022年度版 大阪教育大学附属天王寺小学校
ステップアップ問題集

発行日 2021年12月3日
発行所 〒162-0821 東京都新宿区津久戸町 3-11-9F
日本学習図書株式会社
電 話 03-5261-8951 ㈹

ISBN978-4-7761-5385-6

C6037 ¥2000E

定価 2,200 円
（本体 2,000 円＋税 10%）

9784776153856

1926037020004

詳細は http://www.nichigaku.jp 日本学習図書 検 索